<u>*ACCESO GRATIS*</u> *a la Lectura en la Nube*

Para visualizar el libro electrónico en la nube de lectura envíe junto a su nombre y apellidos una fotografía del código de barras situado en la contraportada del libro y otra del ticket de compra a la dirección:

ebooktirant@tirant.com

En un máximo de 72 horas laborables le enviaremos el código de acceso con sus instrucciones.

AF276459

El pulgar inteligente y la democracia enferma

El pulgar inteligente y la democracia enferma

Jordi Sevilla

tirant humanidades
Valencia, 2025

En caso de erratas y actualizaciones, la Editorial Tirant Humanidades publicará la pertinente corrección en la página web www.tirant.com.

Director de la colección Ágora
JOAN ROMERO GONZÁLEZ

© Jordi Sevilla

© TIRANT HUMANIDADES
EDITA: TIRANT HUMANIDADES
C/ Artes Gráficas, 14 - 46010 - Valencia
TELFS.: 96/361 00 48 - 50
FAX: 96/369 41 51
Email: tlb@tirant.com
www.tirant.com
Librería virtual: www.tirant.es
DEPÓSITO LEGAL: V-753-2025
ISBN:978-84-1081-164-5
MAQUETA: Innovatext

Si tiene alguna queja o sugerencia, envíenos un mail a: *atencioncliente@ tirant.com*. En caso de no ser atendida su sugerencia, por favor, lea en *www.tirant.net/index.php/empresa/politicas-de-empresa* nuestro procedimiento de quejas.

Responsabilidad Social Corporativa:
http://www.tirant.net/Docs/RSCTirant.pdf

Para Jimena, mi nueva nieta

"Jo vinc d´un silenci
Antic i molt llarg
De gent sense mistics
Ni grans capitans
Qui perd els origens, perd identital"

Raimon

"Tú no puedes volver atrás
porque la vida ya te empuja.
La vida es bella, ya verás
como a pesar de los pesares
tendrás amigos, tendrás amor"

José Agustín Goytisolo

Índice

La generación que viva 150 años ya ha nacido. Vivirá en un hábitat terrestre diferente y más hostil, como consecuencia de los efectos del imparable calentamiento global del planeta, y coexistirá con varios sistemas de Inteligencia Artificial, con tecnologías tanto digital como cuántica y de robots humanoides. Lo que no sabemos es si lo hará en una sociedad democrática que respete los derechos humanos, la separación de poderes y los principios de libertad, igualdad, fraternidad y discriminación positiva hacia los más desfavorecidos.

Y no lo sabemos porque dependerá de cual sea en ese momento el equilibrio de fuerzas entre las dos caras del ser humano: la razón —esa capacidad que tenemos para pensar, reflexionar y llegar a una conclusión, formando juicios sobre las cosas o situaciones basados en datos y hechos objetivos— y, por otro lado, las pasiones —estados de ánimo muy poderosos que pueden llegar a dominar la acción de las personas, aún a costa de "obnubilar" o hacer "perder la razón"—.

La historia de la humanidad es la historia de esa lucha perpetua entre razón y pasiones, como ya expuso Platón al hablar del ser humano como de un carro alado, empujado por dos caballos que representan a las pasiones positivas (amor, empatía, gozo, compasión…) y las negativas (envidia, miedo, tristeza, odio…), guiados por un auriga que intenta controlarlos y que representa a la razón. Mientras que en *La Ilíada* se presenta como algo épico que las emociones negativas (celos, amor propio, orgullo) conduzcan a la guerra y la muerte, en *La Odisea* son las positivas (afán de conocimiento, amor, lealtad, confianza) las que afloran, con un final feliz tras el enriquecimiento espiritual acumulado a lo largo del propio viaje.

Las pasiones combaten entre sí (Caín y Abel) mientras ambas intentan ser frenadas y dominadas por el auriga, que intenta darles una dirección única de avance subordinada a la razón. La razón nos conduce al diálogo entre diferentes, a los acuerdos en torno a las reglas y la democracia, mientras que las pasiones, en sus distintas presencias, son la base del populismo, la confrontación y la autocracia.

Decir que "la razón rige al mundo" (Hegel), como se supone que rige a la naturaleza, según afirman las leyes de la ciencia, es confundir deseos con realidad. De hecho, si aceptamos que el progreso es un avance permanente en el autoconocimiento humano, tenemos que reconocer que las sociedades y su historia son el resultado impredecible de la confrontación entre razón y pasiones/emociones, de la que está exenta la naturaleza.

Lo que sí podemos constatar es que a los humanos les va "mejor", en el sentido de progreso, en aquellos momentos en los que la razón (el derecho) gobierna la historia frente a cuando lo hacen las emociones (la fuerza). Por tanto, la idea hegeliana de que la razón rige al mundo es más una aspiración hacia la que debemos tender, con esfuerzo, que una descripción de lo que ocurre.

No obstante, en algunas ocasiones, los defensores de los sentimientos positivos (misticismo, espontaneidad, inspiración, arte, amor…) se han rebelado contra lo que han llamado la tiranía de la razón. El movimiento conocido como Romanticismo, a finales del siglo XVIII, es sin duda el más relevante, con Goethe como máximo representante. A principios del siglo XX y tras el impacto del inconsciente y el análisis de los sueños de Freud, el surrealismo, muy centrado en el arte, fue otra expresión positiva de un intento de liberarse de los grilletes de la razón.

Si hemos sido capaces de expresar la complejidad del mundo mediante combinaciones de 0 y 1, podemos hacerlo también con la naturaleza humana, simbolizada por las dos caras opuestas de Jano.

En este ensayo trataremos de eso y del pulgar inteligente. Conviene recordar que los pulgares oponibles han sido esenciales en la evolución humana porque nos han permitido asir cosas, crear herramientas, ajustar la fuerza de la mano y desarrollar habilidades básicas para nuestra supervivencia. ¿Sera la IA el equivalente evolutivo al pulgar reversible? ¿Cómo afectará ello a la dualidad de Jano y, en concreto, a la organización social más evolucionada jamás construida, a la que llamamos democracia?

Los humanos somos animales simbólicos (pensamiento, lenguaje) por naturaleza y sociales (protectores y cooperadores) por necesidad. Ambos aspectos se han ido retroalimentando desde siempre y constituyen la clave de nuestra supervivencia como especie frente a enemigos más grandes o más fuertes y en circunstancias cambiantes que exigen adaptación, incluidas dos esenciales: el tamaño de la comunidad (aumenta conforme lo hace el desafío) y las reglas que determinan su funcionamiento (ya que, al crecer, se hace más diversa). Y, a veces, se nos van las cosas de las manos.

La atracción fatal que los humanos sentimos por jugar a aprendices de brujos con lo desconocido ha quedado patente repetidas veces a lo largo de la historia. Y debe ser una característica general porque se contempla ya en la metáfora bíblica de esa manzana que nos hizo comer del árbol de la sabiduría, desatando la ira y el castigo divino que nos convirtió, precisamente, en los humanos actuales, sometidos a la compleja y conflictiva relación entre pasiones y razón.

Esta curiosidad innata no está reñida con el hecho de que nos movemos mal en medio del riesgo y de la incertidumbre. Tenemos tendencia a encontrar seguridad en explicaciones satisfactorias sobre lo que sucede en nuestro entorno y en nuestro mundo. Necesitamos entender las cosas que pasan, encontrarles una causa que dé cuenta de ellas. A lo largo del tiempo hemos ido llenando esta necesidad con diferentes explicaciones, que han ido desde lo mítico a lo religioso, la filosofía y, cada vez más, a la ciencia.

Nuestra necesidad de encontrar explicaciones satisfactorias ante lo inexplicable nos hace propensos a bulos y relatos que resulten creíbles, aunque sean rocambolescos e, incluso, directamente mentira. Por eso las teorías de la conspiración encuentran caldo de cultivo propicio, hoy por medio de las redes sociales, cuando el discurso hegemónico que cohesiona se resquebraja y además se pone en cuestión, por pérdida de confianza, la autoridad de los expertos y conocedores.

Ser animales sociales exige tener claras dos cosas: qué es aquello que nos une como comunidad y qué actitud adoptamos con quienes no son como nosotros, por ser de otra comunidad o por pertenecer a la nuestra pero fuera de la norma, por ser diferentes a la mayoría. Hablamos de la construcción del "nosotros" y de "ellos", fijando la actitud a adoptar entre ambos grupos. Según la respuesta que demos, estaremos ante un modelo u otro de sociedad.

Al principio, cuando la comunidad estaba formada por pocos miembros y los grupos vivían distanciados, el segundo problema era menor: la homogeneidad era predominante y el encuentro con el "otro" no era frecuente. En esa circunstancia, unía al grupo la autoridad otorgada a la figura paterna/protectora y el inicio de relatos, historias, narraciones creadas y contadas para distraer, pero, sobre todo, para dotar de cohesión, continuidad y sentido trascendente al colectivo, que también ayudan a establecer reglas en forma de "tradiciones" (lo que ha funcionado en el pasado, funcionará ahora también).

En grupos pequeños y homogéneos, el peso del colectivo tiende a ahogar al individuo, que se ve compelido a abandonar su voluntad frente a la del conjunto: lo importante es el grupo y los individuos están sometidos a la autoridad —a veces, tiránica— del mismo. Esta preponderancia del grupo (cuyo interés define el líder) sobre el individuo, se percibe también en sociedades más grandes, pero dictatoriales, como la China actual, que se ven forzadas, no obstante, a emplear mucha energía para mantener el control de los individuos.

Conforme los grupos van creciendo en tamaño y diversidad aumenta la dificultad para mantenerlos unidos. Hacen falta normas que regulen una convivencia más compleja: aparecen las leyes y la actitud ante los diferentes puede ser de represión/conflicto, coexistencia, manteniendo distancias sociales (ghettos o leyes raciales) o convivencia (acordamos las reglas del juego que nos permitan a todos, incluso a los diferentes, vivir y trabajar juntos). En paralelo, los relatos que unen se complejizan también conforme va desarrollándose el pensamiento, sea en forma de ciencia, de filosofía o de historia.

Cuando en una comunidad humana predomina la esperanza, se impone la confianza en la cooperación entre diferentes, el desafío hacia nuevos retos y suele aflorar la razón y la democracia. En cambio, si es el miedo el sentimiento predominante, el populismo se impone, la necesidad de protección crece y, con ella, la confrontación con el "otro" (el inmigrante o los "malos nacionales"), la reafirmación de lo conocido (nostalgia del pasado) y la búsqueda de una "autoridad" que nos proteja (autocracia).

Fue Hobbes quien dijo que en su estado natural el hombre es un lobo para el hombre. Es decir, conforme crece el tamaño y diversidad de la comunidad, los cruces de pasiones llevan a la lucha contra el prójimo. Por eso hace falta un Estado (Leviatan) que, con leyes y el monopolio de la violencia, reprima esa tendencia agresiva y garantice una convivencia pacífica. Sería el momento de la razón: acuerdan ceder parte de su libertad mediante un contrato social que cede el máximo poder a un soberano terrestre, Dios excluido. El Estado, las leyes y el contrato social sería, pues, la respuesta racional a la dualidad de la condición humana.

Todo cambió cuando el ser humano se atrevió a servirse de su propio entendimiento sin la guía de otro, incluida la Iglesia. Cuando decidió no aceptar ninguna norma de convivencia impuesta desde fuera del ser humano, sino solo aquellas adoptadas conscientemente después de haberlas discutido y pactado en base a la razón. A la vez, las normas de conducta personales, incluyendo las religiosas, quedaban relegadas al ámbito de lo privado, salvo en lo que interrelacionan con los otros. Todo ello a diferencia de lo que incluso hoy aplican los fundamentalismos religiosos, que imponen la letra del libro sagrado (para cada uno, uno distinto) como incuestionable reglamentación tanto de la vida cotidiana de los que forman la comunidad (y a menudo de los "infieles", mediante la guerra santa), como del colectivo para el que no hay más ley que la sagrada.

En el siglo XVIII, lo que luego será llamado Occidente (Europa y Estados Unidos más Canadá) desató un enorme terremoto poniendo la razón al mando de todo. En el ámbito del pensamiento fue lo que se llamó la Ilustración que, llevada a la política, se convirtió en la Revolución Francesa primero y en la constitución de unos Estados Unidos independientes después. Es decir, se sentaron las bases de la ciencia, como la conocemos hoy, y de la democracia liberal. En conjunto, es la mayor revolución llevada a cabo a lo largo de la historia por unos humanos que proclamaban su derecho a ser libres y autónomos, dispuestos a dejarse guiar solo por lo que dictara su razón.

Se situaba al individuo por delante del grupo y como centro de la humanidad. En palabras de Kant es "la salida del ser humano de su minoría de edad", la autonomía del individuo respeto al grupo, su libertad frente a la tradición. De esa línea salen lo que se puede considerar los dos mayores inventos de la humanidad: la penicilina y los derechos humanos, en una fructífera relación entre ciencia y convivencia. Con el tiempo y el predominio de la razón, llegamos a la democracia actual y a la IA. Como dice un personaje de Thomas Mann en *La Montaña Mágica*: "La razón y el siglo de las luces han disipado las sombras que pesaban sobre el alma de la humanidad, aunque no de un modo completo, pues la lucha todavía continúa".

El camino, pues, no ha sido lineal, sino que ha estado lleno de curvas y retrocesos según predominaran la razón o las emociones, la esperanza o el miedo como la fuerza simbólica más fuerte en la tares de cohesionar a las diferentes sociedades. La experiencia demuestra que las emociones son infinitamente más eficaces que la razón a la hora de elaborar relatos movilizadores de grupos identitarios, aunque sean falsos, incompletos o deriven en confrontación con otras identidades.

En la época moderna, las dos derrotas más terribles que ha experimentado la razón han sido a manos del nacionalismo (I Guerra Mundial) y del supremacismo racial (II Guerra Mundial y holocausto). Dos momentos terribles en los que la recaída del ser humano en la barbarie, la violencia y la crueldad generaron, además de un terrible dolor, dudas sobre la propia naturaleza humana.

Los humanos tenemos, de manera simultánea, varias características distintivas: sexo, color de piel, religión, lugar de nacimiento, posición social, convicciones políticas, aficiones... Cuando se elige una de ellas y se convierte en "la" diferencia que dota de sentido a nuestra identidad hegemónica, estamos trazando fronteras infranqueables que tienden a convertirse con facilidad en trincheras de una confrontación entre identidades pequeñas. A partir de ahí, construimos relatos simbólicos, todos ellos arbitrarios, aunque suficientemente fuertes como para haber "funcionado" durante mucho tiempo (incluso hoy): nación, religión, sexo, raza… Todo ello con el objetivo de cohesionar a un grupo, temporal o localmente hegemónico (hombres, cristianos, franceses….) mediante la confrontación con otro grupo (mujeres, musulmanes, ingleses…).

Los relatos bíblicos ya constatan una evidencia: cuando los humanos trabajamos juntos, nos unimos con un propósito común, somos tan poderosos como los dioses y podemos construir una "torre en Babel" que alcance el cielo. Para evitarlo, para rebajar nuestras aspiraciones y derrotarnos, solo hace falta introducir la división y el enfrentamiento entre nosotros, por ejemplo, como en la Biblia, haciendo que una pluralidad de lenguas haga imposible entendernos, o incitando al odio, la envidia o la vanidad supremacista.

Desde esta experiencia, corroborada infinidad de veces y que encontramos ya en los clásicos griegos, debemos analizar lo peligroso de aquellos discursos que trazan fronteras y líneas de separación, que se asientan sobre lo diferente para confrontarnos y que a lo largo de la historia han llevado a la humanidad a las peores guerras y sufrimientos: desde el holocausto, hasta la moderna guerra judío-palestina, pasando por el terrorismo yihadista o, a otra escala, los crímenes racistas o machistas. En todos ellos hay un "nosotros" excluyente contra un "ellos", que son distintos. Y ser diferentes, para estas mentalidades cerradas y excluyentes que buscan la seguridad en lo conocido, representa un peligro, aunque solo sea porque nos cuestiona en nuestra esencia al convertir algo que queremos absoluto en relativo, poniendo en cuestión nuestras "seguridades". Discursos en auge hoy en día por parte de los populismos xenófobos y divisivos, que amenazan nuestras democracias.

Por ello, los avances hacia la razón y la democracia no han estado exentos de lucha cívica. Reconocer el derecho a votar de las mujeres o de los negros en USA ha exigido movilizaciones, confrontaciones y tiempo para vencer las resistencias provenientes de las emociones de algunos que se sentían protegidos detrás de la prohibición. Romperla les causaba miedo a perder privilegios.

Tampoco ha sido fácil conseguir una verdadera separación de poderes que permitiera un mejor control democrático de cada uno de ellos por parte de aquel a quien reconocemos la soberanía suficiente para ejercer ese poder estatal, un árbitro moderador de las pasiones humanas a modo de representante de la razón colectiva, definido por Hobbes.

En un principio, la soberanía se depositó en un monarca, soberano absoluto, en la mayoría de casos "por la gracia de Dios". A pesar de lo cual, en Occidente se le contraponía el poder espiritual (Iglesia) y un Parlamento a través del cual los nobles controlaban la gestión del dinero que ellos recaudaban para transferirlo al monarca.

Con el tiempo, la soberanía tendió a hacerse paritaria entre el monarca y un "pueblo" que la expresaba a través de un Parlamento elegido por un censo reducido de votantes (hombres, nacionales y con un mínimo de riqueza). En paralelo, el aparato judicial iba creándose como un poder formalmente separado. Hasta que llegamos a las democracias actuales donde la soberanía reside solo en el pueblo (nacionales) y de él emanan los tres poderes clásicos: legislativo, ejecutivo y judicial, con sus distintas formas establecidas de controles cruzados.

PRINCIPIOS ÉTICOS DE LA DEMOCRACIA

La democracia es el sistema político de organización social que mejor regula la convivencia y la cooperación entre personas diferentes (sexo, color, religión, creencias políticas…). En democracia, lo colectivo es regulado a tres niveles: aquello que todos tienen en común, lo que une, lo que define el "nosotros" (el "demos" griego) se rige mediante normas consensuadas (Constitución); aquellas cosas sobre las que, existiendo diferentes puntos de vista, conviene llegar a acuerdos por ser "asuntos de Estado" que van más allá de las opciones partidistas, y es necesario fijar posiciones comunes frente a terceros, se acuerdan; y para el resto de asuntos sobre la gestión de lo cotidiano (trabajo, sanidad, fiscalidad, educación, etc) se establecen las reglas y procedimientos para fijarlos y cambiarlos (leyes, mayorías suficientes, etc).

Qué colocar en uno u otro nivel depende de cada sociedad y cada momento, sabiendo que la experiencia indica que aquellos países que consensuan y acuerdan mucho tienden a ser socialmente más estables. Salvo momentos excepcionales, que veremos luego, como la crisis financiera internacional de 2008, un ejemplo que hizo aflorar un estado de malestar ciudadano que se tradujo en un terremoto político porque no se encontraron respuestas ni alternativas entre los adocenados partidos del sistema.

Luego están el resto de cuestiones que definen la cotidianeidad y que se dejan en el ámbito de las decisiones privadas, con dos principios: permitir lo que no moleste (no imponer) y respetar.

La democracia también es cuestión de educación cívica, para que la razón siga pudiendo mantener controladas las pulsiones negativas periódicas y recurrentes de las pasiones. Con dos principios claves para la convivencia: aceptar que nadie tiene toda la verdad (modestia) y respetar las opiniones contrarias y a quien las ejerce (tolerancia).

Reconocer a (casi) todos los individuos el derecho a las mismas libertades políticas (conciencia, expresión, reunión, voto, etc.), rompiendo el vínculo de hierro feudal entre clanes sociales y derechos/deberes hereditarios, fue el gran avance dado por la Revolución francesa y el liberalismo político a que dio lugar, simbolizado por los tres principios de ordenación social propuestos por la Ilustración: libertad, igualdad y fraternidad. Y que el tiempo ha ido ensanchando hasta incluir también el derecho de acceso universal a ciertos bienes sociales básicos, una propuesta procedente de la tradición socialdemócrata: sanidad, educación, pensiones..., conformando lo que hoy consideramos la visión más avanzada de democracia. A ella empiezan a añadirse, a raíz del problema del cambio climático, los derechos de la naturaleza, no solo por respeto a otras formas de vida sino por supervivencia de nuestra especie que, con su actitud depredadora, ha puesto en riesgo su propio hábitat terrestre.

En coherencia con estos principios políticos que rompen el estancamiento social del feudalismo —en el que el hijo del noble era noble y campesino el hijo del campesino—, la democracia socio-liberal pone en marcha una de las propuestas más revolucionarias de la historia mediante la cual se intenta garantizar una igualdad de oportunidades suficientes en el origen de la vida para todos los ciudadanos, de tal manera que, a partir de ahí, el lugar que ocupen en la sociedad dependa más de su mérito y esfuerzo personal que de la familia donde arbitrariamente nazcan. Es lo que se ha llamado el ascensor social, que diluye la fuerza de la familia en favor de la capacidad del individuo, de tal manera que nadie se ve privado de desarrollar sus potencialidades y la sociedad aprovecha lo mejor de cada uno de sus miembros. Así, en la sociedad democrática plena ya no predomina como mecanismo de selección de las élites, la herencia familiar, sino la meritocracia.

Por ello, y reconociendo que el todo (la sociedad) es más que la suma de sus partes (los individuos), la democracia reconoce al Estado la capacidad de intervenir redistribuyendo rentas y riquezas, con dos objetivos: aproximar la igualdad de oportunidades (mediante un sistema impositivo que grave riqueza y herencia) y poner en marcha políticas sociales que hagan que los pobres con capacidad y ganas de esforzarse no vean limitadas sus opciones por carencia de recursos económicos (becas, educación pública, etc).

Así, se han ido configurando los cuatro principios generales que ordenan la convivencia en una democracia avanzada:

- Libertad para que cada cual pueda llevar adelante su proyecto de vida hasta donde no interfiera con la libertad de otro.

- Igualdad de oportunidades para que la posición social esté determinada por el esfuerzo y el mérito de cada quien.

- Fraternidad para definir un nosotros plural en el que quepan todos aquellos que se sientan comprometidos con el proyecto común (patriotismo constitucional).

- Principio de la diferencia para tratar diferente a los diferentes, evitando tanto discriminaciones como privilegios derivados de esa diferencia.

Una construcción racional y aspiracional mediante la cual se intentan encauzar las emociones sociales de manera positiva, haciendo posible que aflore lo mejor de nosotros, los humanos. Y que debemos imponer mediante leyes, normas y reglas que se van deteriorando conforme aflora lo peor de nosotros (celos, envidia, violencia, miedo…).

Los estoicos, en la antigua Grecia, ya compartían la convicción de que la razón era el instrumento central para la mejora humana, porque es lo único capaz de domesticar las emociones (no eliminarlas) al permitirnos conocer la manera correcta de entender el mundo sin intentar dominar aquello que no controlamos. El principal teórico de la Ilustración, Kant, retoma la idea al definir una acción buena como aquella que es conforme a la razón y, por tanto, aplicable de manera universal ("actúa como si la máxima de tu acción se convirtiera, a través de tu voluntad, en una ley universal de la naturaleza").

En resumen, si es correcto a nivel individual situar a la razón al mando, debe serlo también a escala colectiva. Con las debidas correcciones, la democracia representa el esfuerzo por situar a la razón al mando de las sociedades, mediante el carácter pactado, pero imperativo, de las leyes y normas acordadas, que tienen por objetivo regular las acciones colectivas de manera que no sean las emociones las que predominen.

Y de la misma manera que a nivel individual el "deber ser" no siempre coincide con lo que es, también en las sociedades la razón se encuentra a menudo sobrepasada por las pasiones (asalto a la razón) que movilizan a las masas de manera que se alejan del comportamiento democrático. Predomina, entonces el populismo, que tiende a la autocracia.

Que sea posible el predominio de la razón sobre las emociones, aunque exija un esfuerzo disciplinado continuado, supone que podemos conocer lo que es mejor para nosotros y que tenemos capacidad de elegirlo entre varias opciones (libre albedrío), como luego veremos.

La humanidad ha medido el tiempo de diferentes maneras a lo largo de la historia, siguiendo la órbita de la Luna o los movimientos del Sol, según variaba por una escala la sombra proyectada por un indicador vertical. Luego llegaron los relojes de arena, posteriormente Galileo innovó con el péndulo de oscilación constante, hasta que en el siglo XIV llegó el reloj mecánico, que acabó por imponerse por su superior precisión.

Su funcionamiento requiere que varios elementos trabajen al unísono: desde el barrilete que proporciona la energía hasta las ruedas que la transmiten al oscilador y a las manecillas. El mecanismo debe equilibrarse adecuadamente y estar dotado de la lubricación necesaria para reducir el desgaste por rozamiento.

Pues bien, la democracia funciona como el mecanismo de un reloj: las elecciones son la cuerda; la separación de poderes y el juego de controles y balances son las piezas del mecanismo; y la grasa que reduce el rozamiento es el conjunto de reglas no escritas, como no descalificar al adversario. Cada pieza desempeña una función, deben equilibrarse unas con otras y estar adecuadamente lubricadas. De lo contrario, deja de dar la hora correcta y, por tanto, pierde utilidad como mecanismo. Una democracia que no funciona correctamente ya no es útil para sus dos funciones esenciales: asegurar la convivencia entre personas que no piensan igual y solucionar los problemas de los ciudadanos.

Una democracia que genera polarización, enfrentamientos permanentes, deslegitimación del adversario y que no es capaz de resolver los problemas que requieren grandes pactos y acuerdos, es una democracia enferma que, como el reloj que no da la hora correcta, deja de cumplir su función constitutiva y, por tanto, es cuestionada y abre la puerta a la búsqueda de alternativas populistas y autoritarias.

La defensa de la democracia como sistema político de organización social se fundamenta en solidos principios éticos. No es infrecuente que así ocurra y que la forma de gobierno que aceptan las sociedades no sea una cosa arbitraria o fruto de la casualidad. entre otras cosas, porque toda forma de gobierno, para que sea aceptada, necesita tener una fuente de legitimidad, más allá que la derivada de la imposición o la fuerza. Así, los monarcas absolutos, como algunos dictadores posteriores, vinculaban su autoridad a la divinidad: ejercían el poder, "por la gracia de Dios", que es una frase tradicional en estos casos.

Como se ha mencionado, la democracia moderna empezó a tomar forma en el siglo XVIII (revolución francesa e independencia americana) a partir de la revolución moral e ideológica que representó la Ilustración: los seres humanos tienen capacidad para autogobernarse y ello es así porque son libres para ejercer e imponer la razón frente a las supersticiones, la ignorancia o la tiranía. Defiende, pues, la libertad de pensamiento y de crítica frente a los dogmatismos y las intolerancias.

Esto plantea una cuestión importante que ha dividido a las religiones a lo largo del tiempo y sobre la que todavía hoy no hay consenso entre los científicos y expertos: ¿tiene el ser humano libre albedrío? Es decir, ¿podemos ser, de verdad, libres para autodeterminarnos?

El problema teológico que plantea es, resumiendo, el siguiente: si los humanos tenemos libre albedrío y, en base a ello podemos optar por el camino de la salvación o no, entonces podemos elegir hacer algo que sorprenda a Dios, que dejaría así de ser omnisciente. Pero si Dios es omnisciente, ya sabe de antemano todo lo que vamos a hacer y escoger, por lo tanto, nuestro camino está en realidad predeterminado por la voluntad divina y, entonces, no somos realmente libres, aunque lo parezca: al nacer, ya estamos predestinados a salvarnos o no. Es la diferencia entre ser libre para elegir tu camino vital o que, por el contrario, al nacer, ya esté escrito siguiendo la voluntad divina, que es quien manda sobre ti.

Desde un punto de vista científico se plantea una duda similar al encontrar que muchas de las cosas que hacemos "libremente" en el fondo están muy determinadas por otras que no controlamos: el inconsciente de Freud, el medio social en que nacimos y nos educamos o el funcionamiento de determinadas conexiones eléctricas y reacciones químicas en nuestro cerebro (modelos neuronales).

Los neurocientíficos han avanzado mucho en el conocimiento de cómo el cerebro procesa la información y cómo nuestras emociones afectan al juicio y a la conducta, en un marco social e histórico concreto. Lo suficiente para que algunos defiendan que el libre albedrío es una ilusión que nos reconforta pero que, en realidad, nuestras decisiones están determinadas por una compleja red de causas y efectos neurológicos que no podemos modificar.

En todos los casos, incluso sin enfermedades mentales patológicas, "algo" que no controlamos afecta de manera decisiva a nuestra conducta, condicionándola y limitando nuestro margen de libertad. La voluntad divina queda así sustituida por partes de tu cerebro que reaccionan condicionando tus acciones sin que puedas controlarlas.

Aunque no aceptemos la idea de ser una especie de autómatas, es evidente que existen condicionamientos externos a nosotros que afectan a nuestras decisiones cotidianas, restringiendo la libertad individual. Algo bien conocido, por ejemplo, por los publicitarios, que intentan orientar nuestras decisiones de consumo, o por aquellos que manejan las redes sociales para influir sobre nuestra opinión política y, por tanto, nuestro voto.

En todo caso, los principios éticos sobre los que se fundamenta una defensa de la democracia se pueden resumir en:

- Los individuos tienen capacidad para gobernarse a sí mismos mediante normas y reglas pactadas libremente como fruto del uso de su razón.

- Es posible mejorar la condición humana sobre la Tierra gracias a las reformas y mejoras que se realicen sobre la sociedad y sus instituciones, que son perfectibles por la acción humana.

- Todos los seres humanos nacen libres e iguales en dignidad y derechos, sin distinción alguna de raza, color, sexo, idioma, religión, opinión política, origen nacional o social, nacimiento o cualquier otra condición (Carta de Derechos Humanos de la ONU).

Esto a su vez plantea otros dos debates de plena actualidad: si la base de los derechos es el individuo o los colectivos (pueblo, nacionalidad, etc) y, sobre todo, si estos derechos son de verdad universales o quedan condicionados por razones religiosas, de nacionalidad u otras circunstancias.

Los nacionalismos, por ejemplo, defienden los derechos nacionales por encima de cualquier otro, hasta el punto que quienes vienen "de fuera", sobre todo si no siguen los procedimientos establecidos y se convierten en inmigrantes irregulares, pierden sus derechos y no solo pueden ser expulsados sino que a veces se les niega incluso el derecho a ser rescatado.

La visión autoritaria de los derechos humanos, a diferencia de la versión liberal y socialdemócrata, quedó reflejada en la Declaración del Foro Sur-Sur que tuvo lugar en Beijing en 2017, donde se habla de los derechos "de los pueblos" (no de las personas) y se acota su vigencia a "los contextos regionales y nacionales, así como a los antecedentes políticos, económicos, sociales, culturales, históricos y religiosos". Es decir, no son absolutos y universales, sino relativos y adaptables según países y momentos.

La modernidad occidental se ha basado en la creencia incuestionada de que existen derechos fundamentales atribuidos a los seres humanos como fruto del triunfo de la razón sobre las pasiones vinculadas con tradiciones y creencias que subordinan al individuo a algún ente superior que limita su libertad esencial. En la declaración totémica de Independencia de Estados Unidos, Jefferson proclamó como "evidentes" la verdad de que todos los seres humanos son creados iguales y tienen derechos inalienables, como la vida y la libertad. Esta misma idea se retoma en la Revolución francesa, que declara estos derechos inalienables como el fundamento de toda forma de gobierno. Eso los convierte en universales y hace que no aceptemos su violación.

Para llegar hasta aquí hubo que dar varios pasos, entre otros, reconocer la autonomía del individuo capaz de sentir empatía por los otros. Eso fue implicando la crítica de la tortura y el castigo cruel, como posteriormente la abolición de la esclavitud.

Por tanto, no podemos olvidar que la actual democracia liberal ha sido fruto de una larga y dolorosa evolución histórica: desde el derecho a voto censitario solo para hombres con determinado patrimonio hasta el sufragio universal masculino, extensible a mujeres en 1918 en Inglaterra, aunque solo para mayores de 30 años (en España se reconoció en 1931 y en Arabia Saudí en 2011) o el reconocimiento al derecho a voto de los negros en USA, que se hizo en 1965.

Si el reconocimiento de un derecho esencial como el al voto ha estado tan condicionado a la evolución histórica en Occidente, tampoco podemos olvidar el auge experimentado recientemente por los nacionalismos en Europa y EEUU, donde se cuestiona que determinados derechos solo pueden ser accesibles para los nacionales, excluyendo de ellos a aquellos que proceden de otros países (inmigrantes).

Ambos aspectos son esenciales porque forman parte de la degradación de la democracia en el seno del propio Occidente, donde otros valores vinculados a la Ilustración, como el reconocimiento de la existencia de la verdad o la creencia en la superioridad del saber científico, se están también poniendo en cuestión con el resultado de una profunda crisis de aquellos valores sobre los que se ha construido su superioridad histórica.

La crisis de la democracia es, pues, parte de la crisis de Occidente y la antesala de un retroceso ideológico y de actitudes a épocas históricas que creíamos superadas: los valores humanos retroceden a la vez que la tecnología experimenta el mayor avance de los últimos siglos con la llegada de la Inteligencia Artificial.

Pero si hoy se habla de la derrota de Occidente o del suicidio de Occidente, según autores, no podemos olvidar que la responsabilidad es en parte de los propios occidentales que, en demasiadas circunstancias han vulnerado esos principios éticos fundamentales que darían identidad propia a una cultura y visión occidental de los seres humanos y del mundo. Por ejemplo, cuando durante la colonización en el siglo XIX se cometieron masacres en las colonias, se esclavizó a seres humanos por tener un color diferente, o ya en el siglo XX se abordó el exterminio de los judíos, se subordinó la muerte de personas a ideas e intereses nacionales en varias guerras. O, más recientemente, cuando la política de derechos humanos se subordinó a las necesidades de control del mundo por parte de potencias como EEUU, que apoyaron dictaduras en varios países latinoamericanos y africanos o, ahora mismo, aceptando la política de no injerencia en los asuntos internos de un país aunque se están vulnerando los derechos humanos, o cuando se les niega esos derechos humanos a los inmigrantes irregulares, incluido, a veces, el derecho a la vida (rescate) o a la salud.

Si Occidente ejemplifica que aquellos principios herederos de la Ilustración, y que cristalizaron en la Carta de Derechos Humanos de la ONU, son relativos y pueden subordinarse a otras necesidades nacionales, queda debilitada la defensa universal que de los mismos pueda hacerse desde Occidente. Porque principios como los derechos humanos, la libertad individual y la democracia o son absolutos y se defienden hasta el final, o no son y entonces se pierde cualquier intento de mostrar cualquier tipo de "superioridad moral" ante nadie.

ANTES LAS COSAS ERAN DE UNA MANERA Y DESPUÉS DE OTRA

Así expresa una autora albanesa que vivió de niña la caída del comunismo en su país en apenas 48 horas, tras el derrumbe de la URSS. A veces, las creencias, los relatos, todo aquello que parecía sólido, se disuelve en el aire de repente. Y ese cambio coge desprevenidos a muchos ciudadanos que reaccionan con temor ante lo nuevo y a veces con nostalgia de un pasado idealizado.

A estas alturas del siglo XXI, la democracia social liberal existe en una minoría de países y se encuentra en retroceso con graves amenazas externas y sobre todo internas. Según el indicador elaborado por *The Economist*, teniendo en cuenta cinco categorías —proceso electoral y pluralismo, funcionamiento del gobierno, participación política, cultura política y libertades civiles—, tan sólo el 8% de la población mundial vive en democracias plenas (24 países). El 40% de la población vive bajo regímenes totalitarios y el resto en regímenes híbridos. Con la particularidad de que el número y la calidad de las democracias está retrocediendo.

La razón democrática parece estar perdiendo la batalla en el mundo de hoy frente a un populismo que utiliza hábilmente las redes sociales para agitar las emociones como banderas que ofrecen una sensación de certeza y protección al grupo identitario que las sigue, en momentos de grandes turbulencias sociales, mediáticas y políticas y en medio de una grave crisis de relato hegemónico en el mundo occidental actual, que da lugar a un generalizado malestar y una insatisfacción con la democracia, tal y como la estamos viviendo hoy en día. La prueba es el auge del trumpismo, que ha abducido al partido republicano tradicional, o de la extrema derecha europea, tras la quiebra de la izquierda tradicional a manos del populismo seudo-izquierdista de los Podemos, Insumisos, 5 Estrellas o Syriza.

Y es que nada ha salido como nos anunciaron que pasaría al inicio de este siglo con la caída del muro de Berlín y la disolución de la URSS. El saber convencional interpretó estos hechos como la prueba irrefutable del triunfo histórico e irreversible del capitalismo neoliberal y de la democracia imperante en Occidente. Fue el "fin de la historia" en el sentido de que el futuro ya estaba escrito bajo la paulatina extensión a todos los países del mundo del modelo ganador en la Guerra Fría. Lo real, lo que existía como triunfador era lo racional y se había impuesto en la confrontación entre modelos alternativos.

El triunfo del capitalismo neoliberal como modelo político y económico a exportar a todo el mundo se resumía en algunos principios generales que se intentaron imponer a todos los países, incluidos los países ex-comunistas, a menudo por la fuerza de los organismos internacionales que les prestaban dinero y les asesoraban:

✓ La transición del socialismo al capitalismo tenía que hacerse con la máxima rapidez. Se decía que no podía superar el abismo que separaba a ambos sistemas más que "de un salto". Ello forzó a meter prisa en el proceso de privatizaciones de empresas públicas, desmantelamiento del aparato comunista, creación de un mercado competitivo, libertades y partidos políticos, etc.

✓ El modelo de capitalismo triunfante era el neoliberal. Aquel que decía que "el Estado es el problema" y, por tanto, defendía un Estado pequeño y pocas regulaciones, ya que los mercados (sobre todo los financieros) se equilibraban solos. Privatizar y liberalizar eran los conceptos de moda.

✓ El capitalismo era capaz de redistribuir la riqueza generada entre todas las capas sociales mediante la creación de empleo bien remunerado, sin necesidad de intervencionismo estatal. La meritocracia individual era la filosofía que se predicaba como criterio de movilidad social.

✓ La globalización neoliberal como máxima expresión de todo ello. Un mercado único mundial, con la máxima libertad posible de circulación de bienes, servicios y capitales (los trabajadores siempre han estado sometidos a controles) conduciría a un mundo más rico, más justo y más eficiente. Aceptar a China en la Organización Mundial de Comercio en 2001 fue el gran salto delante en la implantación de esta concepción que avanzaba, sobre todo, en la libre circulación de capitales sin apenas control.

✓ La gran interrelación económica entre países que la globalización provocaría y la extensión de la democracia como sistema político hegemónico (incluida China, donde se decía que la mayor riqueza acabaría por socavar el régimen comunista y la transición a la democracia sería inevitable) creaban un clima de relaciones internacionales donde el interés y la cooperación harán desaparecer, poco a poco, la tentación del conflicto bélico entre naciones.

✓ Ese clima de cooperación internacional facilitaría llegar a acuerdos para, entre todos, combatir el gran problema del cambio climático, como la hoja de ruta pactada en el Protocolo de Kyoto (1997) y las siguientes.

✓ Los avances conseguidos en la capacidad de computación, gracias al uso de microchips cada vez más pequeños y más potentes, unidos a la consolidación e implantación de la infraestructura de internet, basada inicialmente en la idea de que nadie la controlaba ni la poseía, permitieron dar un salto cualitativo en la capacidad de comunicación de la humanidad, empoderando a los usuarios a la vez que revolucionaba el mundo de los negocios.

Fueron años marcados por un gran optimismo: por primera vez parecía que la humanidad se había puesto de acuerdo en una hoja de ruta de progreso, avance tecnológico y desarme, con dos recetas para resolver todos los problemas: el capitalismo neoliberal y la democracia occidental. El resultado fue una elevada confianza de los ciudadanos en sus gobernantes y un clima generalizado de seguridad.

El espejismo apenas duró dos décadas, hasta que saltó por los aires a causa de la crisis financiera internacional de 2008, el fortalecimiento del Partido Comunista Chino en el poder y el desacople progresivo de Rusia y otros países del antiguo bloque comunista. La razón, aparentemente al frente de la historia, mostró cómo sus sesgos cognitivos la podían hacer quebradiza. Porque nada salió como estaba previsto.

El 15 de setiembre de 2008 uno de los mayores bancos de inversión del mundo, Lehman Brothers, se declaró en quiebra, arrastrando, como piezas de un dominó, a otras entidades financieras, provocando una paralización del crédito, sobre todo hipotecario, en unas economías que vivían endeudándose, un desplome de las bolsas de valores y un aumento sin precedentes de la desconfianza internacional en el valor de los activos y en la solvencia de los bancos. Ello sumió al mundo capitalista en la mayor crisis económica desde la de 1929. La Unión Europea vivió, además de la crisis bancaria, una crisis adicional de deuda soberana en la que los países más endeudados tuvieron que asumir fuertes medidas de austeridad nacional que incrementaron los efectos de la depresión sobre la población.

Entramos así en los años que se llamaron la Gran Recesión, con importantes caídas en el PIB, el empleo, la riqueza y el comercio mundial, una situación de la que solo empezamos a salir en 2010 gracias a tres medidas de política económica que se pusieron en marcha de manera coordinada: incremento de la liquidez para bajar tipos de interés, incremento del gasto público para respaldar la solvencia de los bancos afectados y hacer frente al creciente desempleo y un refuerzo de la regulación a escala mundial, sobre todo en el ámbito financiero.

La crisis hizo saltar por los aires dos de los supuestos fundamentales citados anteriormente, en torno a los cuales se había creado el consenso neoliberal: ni los mercados se autorregulaban solos, ni el Estado era el problema. De hecho, el recurso a "papá Estado" y a una más estricta regulación global fue lo que evitó un desplome todavía mayor del sistema. El fracaso fue tan evidente que el presidente francés, el conservador Sarkozy, hizo un llamamiento a los líderes mundiales para "refundar el capitalismo" sobre nuevas bases éticas.

El acceso de Putin a la presidencia de la Federación Rusa en 2000, sustituyendo a Yeltsin, puede considerarse el momento clave de la implosión gradual producida en el país como reacción a los efectos de la ingenua doctrina neoliberal con que se había querido dirigir la transición al capitalismo de los antiguos países comunistas El viejo sistema había muerto, incluyendo sus escasos mecanismos de protección social, pero el nuevo estaba naciendo deforme: corrupción generalizada, ausencia de suministros, incluso hambre, privatización de servicios públicos solo accesibles ahora a quien pudiera pagarlos, perdida de territorios y, sobre todo, una autoestima por los suelos, en un país que gusta de recordarse como imperio.

Revertir todo esto fue desde el principio el programa de Putin, que empezó marcando distancia con las doctrinas occidentales, recuperando un nacionalismo cultural ruso que daba cobertura a un sistema político con características propias (los enemigos políticos de Putin tienden a "suicidarse" de manera sospechosa o a acabar en prisión) en el que las elecciones no demostraban que fuera una democracia, el estado controlaba las empresas y recuperar territorios para construir "la gran Rusia" de nuevo, como gran potencia internacional (sobre todo en África), incluso mediante el uso de la fuerza bélica como en Crimea y, más recientemente en Ucrania, era un instrumento para recuperar el herido orgullo del pueblo ruso.

Una parte importante de la humanidad, a la que se unieron otros países del Este europeo en los que partidos populistas con vinculaciones con la Rusia de Putin llegaron al gobierno, iniciaba una trayectoria divergente con la hoja de ruta marcada, haciendo aflorar las grandes debilidades y errores de la misma. La guerra, además, volvía a estar presente en la escena internacional y, con ello, recuperar una industria militar potente y reforzar alianzas como la OTAN pasaron a ser prioridad, en contra de todo lo previsto inicialmente.

A modo de ejemplo del cambio producido, buena parte de la estrategia energética de la Unión Europea se basaba en el acceso a gas barato suministrado por un aliado como Rusia. El nuevo contexto de confrontación, además de provocar una fuerte crisis energética en Europa con elevada inflación, ha forzado un cambio de rumbo, urgiendo la implantación de renovables en Europa y recuperando la nuclear, todo ello para garantizar la seguridad de suministro.

Si un país ha sido el gran beneficiado por la globalización neoliberal ha sido China. En tres décadas ha conseguido dejar atrás la pobreza y experimentar "el gran salto adelante" económico, social, tecnológico y urbanizador que no consiguió con 30 años de comunismo maoísta. Desde la apertura económica controlada e impulsada en 1978 por Deng Xiaoping bajo el eslogan de "las cuatro modernizaciones" y, sobre todo, a partir de 2001 cuando se aprobó su ingreso en la Organización Mundial de Comercio, aceptándola como una "economía de mercado" a pesar del intenso y extenso control centralizado de todo por parte del dirigente Partido Comunista en medio de un régimen dictatorial que no respeta los derechos humanos ni los principios democráticos, China no solo ha superado lo que ellos llaman "el siglo de la humillación" sino que ha hecho creíble el objetivo lanzado por el líder actual Xi Jinping de ser la primera potencia mundial en 2050.

Esta profunda transformación en un país con la historia, la población y la superficie de China ha significado un vuelco total de la situación internacional y el mayor desafío al orden internacional desde el final de la II Guerra Mundial, hasta plantear lo que muchos analistas llaman la Nueva Guerra Fría 2.0, recordando el conflicto vivido entre USA y la URSS encabezando dos bloques mundiales que confrontaban capitalismo y comunismo, democracia y dictadura, desde el final de la Guerra Mundial (1945), donde fueron aliados contra el nazismo, hasta la caída del Muro de Berlín en 1989 y la inmediata y caótica disolución de la URSS y de su bloque.

La actual Guerra Fría 2.0 tiene puntos de semejanza y de diferencia con la anterior. Entre los parecidos, confrontación de dos modelos alternativos que aspiran cada uno a ser hegemónicos en todo el mundo.

Entre las diferencias, el menor peso aparente que tiene hoy la confrontación militar entre ambos bloques frente a la prioritaria lucha por el control de la tecnología (IA) y los recursos necesarios para fabricarla. Frente a la permanente amenaza nuclear que caracterizó el primera Guerra Fría, de momento lo militar está más focalizado ahora no en la destrucción del adversario sino en la consecución de la Gran Rusia por parte de Putin o, en su caso, la incorporación de Taiwan a la Gran China. Otra diferencia es el papel secundario que, de momento, desempeña el factor ideológico que caracteriza a ambos bloques (democracia vs autocracia) y la posibilidad de evitar una ruptura total en las relaciones bilaterales entre ambos bloques, entre otras cosas porque hoy están todavía en definición y todo apunta a que serán menos monolíticos que en la anterior. Es desacople económico casi total que existió en la anterior entre ambos bloques no parece previsible ahora, ni tal vez posible.

Desde los sueños de 2001 hasta las pesadillas actuales no hemos llegado de golpe. De hecho, seis vectores pueden representar el cambio producido desde la supuesta victoria histórica del capitalismo y la democracia sobre su enemigo tras el desplome de la URSS, que los convertiría en paradigmas inequívocamente triunfadores, solo pendientes de que el tiempo extendiera sus principios a todos los países del Planeta como forma superior de organización social y política hasta a actual situación de nueva Guerra Fría 2.0:

DESGLOBALIZACIÓN

Bajo el paradigma liberalizador de la globalización, el comercio mundial y las inversiones exteriores alcanzaron récords históricos y, con ellos, el PIB y la riqueza mundiales. Aunque de forma asimétrica: mientras China y las empresas occidentales allí instaladas obtenían grandes beneficios, empezaron a surgir en los países ricos de Occidente lo que podríamos llamar "damnificados por la globalización": ciudadanos para los que la renta perdida por la emigración de sus puestos de trabajo a países con costes laborales menores no quedaba compensada por el menor precio de los productos allí fabricados e importados.

Cuando China, tras el uso abusivo que había realizado durante décadas de las reglas del juego, dejó de ser la gran fábrica del mundo para pasar a ser el principal competidor de los países occidentales, con el añadido de haberse convertido en el proveedor de productos esenciales tanto tecnológicos como para la transición energética, generando una dependencia estratégica considerada excesiva cuando se analizaba desde el punto de vista de la seguridad, el fracaso del modelo resultó evidente. Sobre todo, cuando se hicieron patentes las aspiraciones chinas de convertirse en potencia hegemónica mundial, con un modelo alternativo al occidental.

DERECHOS HUMANOS Y LIBERTADES: DEMOCRACIA VS AUTOCRACIA

La convicción neoliberal de que el desarrollo económico de China como consecuencia de la globalización acabaría en un cambio social y político que pusiera fin al dominio del partido comunista e implantara de forma inevitable un sistema democrático homologable al occidental ha resultado equivocada.

Los cambios económicos producidos han reforzado en China el nacionalismo y la autocracia. En el momento actual, sin complejos. Tanto Putin como Xi comparten la idea de que la democracia liberal responde a unos valores occidentales que poco tienen que ver con lo que consideran propio de aquellos valores que son propios de países antiguos y orgullosos como el ruso o el chino. Así, los derechos humanos y las libertades políticas serían valores relativos, que pueden ser adecuados para Occidente, pero no serían apropiados para otras culturas con otras tradiciones, diferentes valores y necesidades distintas, donde se incluirían los países musulmanes y otros del antiguo tercer mundo.

Esta aproximación nacional/cultural más que ideológica, además de marcar diferencia con la primera Guerra Fría, en la que ambos bloques buscaban la aniquilación del otro, les permite mostrar una aparente flexibilidad pragmática: frente a lo que consideran obsesión universalizadora de sus valores por parte de Occidente, defienden la coexistencia de sistemas políticos diversos, bajo el principio de respeto mutuo y (teórica) no injerencia en los asuntos internos de cada país. La realidad es que aceptar esto es tanto como asumir la derrota de los principios occidentales de derechos humanos y libertades políticas como valores universalizables a toda la especie humana. Lo contrario es no creer que "todos los seres humanos nacen libres e iguales en dignidad y derechos" (artículo 1. Derechos Humanos ONU).

HEGEMONÍA Y ORDEN MUNDIAL

Este relativismo en valores de los autócratas es extensible a los principios que rigen el orden internacional, anclados en sistemas y organizaciones creados bajo la hegemonía norteamericana tras la Segunda Guerra Mundial y que, con el tiempo y escasa capacidad de adaptación, han ido quedando oxidados frente a las nuevas realidades y necesidades.

La aspiración china de convertirse en la potencia hegemónica mundial en 2050 acompaña la propuesta de enmarcarla en la oferta de un modelo de orden mundial alternativo al actual, alejado de los principios y valores occidentales.

El modelo de relaciones ha permitido a China conseguir dos realidades que hacen creíbles sus pretensiones anunciadas: ser uno de los principales inversores internacionales (incluyendo en deuda pública norteamericana) y conseguir el acceso y control mayoritario de aquellas materias primas esenciales para la nueva economía de la inteligencia y la descarbonización, lo que incrementa la dependencia occidental de China en productos estratégicos que marcan la seguridad e independencia nacional.

Además de la Nueva Ruta de la Seda (que le ha permitido acceder a la gestión de importantes puertos europeos), China ha dado un nuevo impulso al movimiento de los países BRICS (Brasil, Rusia, India, China y Sudáfrica, a los que se han unido Egipto, Irán, EAU, Arabia Saudí y Etiopia), acogiendo en Shanghai la sede del Nuevo Banco de Desarrollo del BRICS y últimamente potencia el llamado Sur Global que incluye países de África, Medio Oriente, América Latina y Asia.

Todo ello, configurando nuevas organizaciones internacionales que excluyen a USA y a Europa.

MILITARIZACIÓN

La versión ingenua de la globalización presuponía que un mayor nivel de interrelación económica entre países que compartirían sus valores capitalistas y democráticos estrecharía las dependencias mutuas hasta el punto de alejar, por inviable, las confrontaciones bélicas entre ellos que tantas veces a lo largo de la historia se han mostrado parte de una lucha por el espacio económico nacional, el acceso a mercados o a las materias primas. En base a este convencimiento, muchos pensaron que organizaciones como la OTAN habían pasado al baúl de la historia, como la antigua carrera armamentística o la amenaza nuclear.

La realidad no se ha correspondido con estos anuncios. De hecho, a fecha de hoy, existen 56 conflictos bélicos activos en el mundo, con Gaza, Ucrania o Sudán como los más destacados. Y, lo que es peor, la guerra ha vuelto a ser considerada un instrumento "normalizado" para conseguir objetivos políticos por parte de países como Rusia o la propia China, ambos con un importante desarrollo de sus ejércitos e industria militar en los últimos años.

INTELIGENCIA ARTIFICIAL

Los avances computacionales que han hecho posible crear una herramienta como la IA están abriendo unas posibilidades inimaginables hasta hace poco, pero también unos riesgos hasta ahora acotados a las distopías literarias.

Como en toda tecnología, se abre un amplio elenco de opciones en cuanto a las posibilidades de uso de la IA de las que, de momento, tenemos constancia de dos: controladas por empresas privadas que buscan maximizar sus beneficios o controladas por gobiernos totalitarios que priorizan el control a sus ciudadanos. Ninguna de las dos es satisfactoria en el sentido de que en ambas salimos perdiendo privacidad los ciudadanos, viendo incrementarse el control que ejercen sobre nosotros fuerzas ajenas no controladas, para condicionar nuestro consumo, nuestro voto o nuestra libertad.

Se trata de uno de los dos desafíos que, por vez primera, enfrentamos los humanos como especie. Ello hace aconsejable tomar las riendas colectivas mediante una regulación democrática del sentido y propósito del desarrollo de una IA orientada a ayudarnos y no a controlarnos.

De momento, sin embargo, el principal instrumento de confrontación entre los nuevos bloques de la Guerra Fría 2.0 gira en torno a la IA y a su principal materia prima: nuestros datos personales, que pueden extraerse incluso sin nuestro conocimiento.

CAMBIO CLIMÁTICO: TRANSICIÓN ECOLÓGICA

El otro reto global al que nos enfrentamos los humanos hoy es el cambio climático, que incrementa la temperatura media del planeta, provocando intensos cambios ambientales que alteran nuestro hábitat tradicional y millones de pérdidas económicas y de vidas humanas, lanzando a otros millones a una incierta emigración climática.

Reconvertir nuestro modelo energético, productivo y de vida es esencial para evitar que el calentamiento medio del Planeta supere los 2ºC y a ello se han comprometido, con objetivos y plazos, la inmensa mayoría de países en reuniones como la reciente COP 28. Hablamos de una reconversión productiva global, de una intensidad y velocidad como no hemos visto ninguna a lo largo de la historia.

Si alguien se hace con el control mayoritario de los materiales, la fabricación, la tecnología y las materias primas imprescindibles para hacer posible dicha transición, tendrá un gran poder sobre aquellos otros países que se convertirán en dependientes suyos. Y una vez superada la ingenua suposición de que la globalización acabaría con las tentaciones de conflictos por la hegemonía mundial, el asunto se convierte en esencial para redefinir el momento postglobalización que vivimos.

ENFADO CIUDADANO Y AUGE DEL POPULISMO

Nada salió como se pensaba y millones de ciudadanos en todo occidente democrático se sintieron decepcionados, engañados y más tarde enfadados con sus dirigentes y las políticas que aplicaban, de manera cada vez más evidente, en beneficio de los más ricos. La convicción de que el sistema, la democracia, les había dado la espalda creció cuando se pusieron en marcha las políticas de austeridad, es decir, apretarse el cinturón para los más débiles: había dinero público para salvar a los bancos, origen de la crisis, pero no para salvar los puestos de trabajo, los salarios o los sistemas públicos de protección social. Las democracias parecían gripadas por los giros imprevistos de los acontecimientos y sin capacidad de ofrecer respuestas a una mayoría de ciudadanos.

El desencanto inicial por el fracaso del modelo neoliberal hegemónico se transformó en oleadas de un cabreo ciudadano que recorrió todos los países democráticos, como protesta por los efectos de la crisis financiera global de 2008 y la gran recesión que golpeó como consecuencia de las equivocadas políticas económicas aplicadas por los gobiernos democráticos, sobre todo en la Unión Europea. Desde la conocida como revolución islandesa, pidiendo la renuncia del gobierno, los indignados del Movimiento 15-M en España gritando "no nos representan" a los diputados elegidos, el movimiento Occupy Wall Street en USA contra el excesivo poder de las empresas sobre los gobiernos, la huelga general en Grecia contra las políticas de austeridad o las grandes protestas en Francia, formalmente contra la reforma de pensiones, o en Alemania e Italia contra los recortes en el gasto público social.

El conjunto, a pesar de diferencias en contenido de las protestas, evidenciaba la grave quiebra que se produjo entre el sistema político democrático en vigor y una parte importante de la población, que se lanzó a la calle cuestionando a sus políticos y al propio sistema, considerado bloqueado e incapaz de dar respuestas a los problemas ciudadanos.

Muy pronto, este enfado se tradujo en una conmoción electoral en varios países europeos, donde los partidos tradicionales perdieron mucha representación parlamentaria a manos de nuevas fuerzas políticas que se presentaban como "antisistema": Podemos, Syriza, 5 Stelle, Macron, Die Linke… provocando un auténtico terremoto en las democracias occidentales. En paralelo, el movimiento contrario a las autocracias árabes conocido como "Primavera árabe", o los avances en México del nuevo partido Morena, que acabaría haciéndose con la presidencia, añadieron nuevos elementos a la convulsa situación política global por la que atravesábamos.

La segunda oleada de populismo llegó poco después como reacción a una globalización en favor de las empresas, que había llevado puestos de trabajo al tercer mundo dejando a muchos damnificados en USA en amplias zonas tradicionales del país y en Europa, y por parte de los paganos de las políticas contra el cambio climático puestas en marcha sin la adecuada compensación (chalecos amarillos...). La expresión política de este descontento añadido se manifestó, de manera mayoritaria, hacia una extrema derecha resurgida en Europa con apoyos de Putin y estimulada por el ejemplo de la victoria en USA de un personaje como Trump en 2016: Vox, Agrupación Nacional, Liga, Alternativa por Alemania, etc.

Muchos de ellos alcanzaron el gobierno tras ganar las elecciones, algo totalmente impensable hace dos décadas. Todos incrementaron su representación a caballo de cuatro elementos comunes: enfado, miedo, nacionalismo e inmigración. Siempre tras un violento asalto a la razón articulado y desatando las peores fuerzas emocionales de los ciudadanos. En UK el fenómeno adoptó la forma del Brexit.

El modelo democrático occidental, el mismo que había iniciado el siglo XXI sintiéndose triunfador sistémico frente al comunismo, hacía aguas por todos los lados, generando una ruptura entre representantes y representados que empezaron a volver sus esperanzas a los movimientos populistas, tanto de izquierda como de derecha.

El populismo crece y se propaga, cuando todo lo demás ha fallado. Los políticos populistas ofrecen una respuesta consoladora a una población enfadada y decepcionada con su sistema político democrático. El fracaso de los sueños genera populismo. Y la historia del siglo XXI es hasta ahora la historia de un fracaso de las superestructuras políticas e ideológicas en medio de unos cambios tecnológicos, estructurales y sistémicos enormes y muy rápidos, que desestabilizan a las sociedades y generan temor respecto del futuro hacia el que caminamos a gran velocidad, sin que sepamos muy bien si hay alguien al volante.

Demasiada gente se siente abandonada por el sistema democrático y huérfana de representación política. Frente a esa sensación de sentirse abandonados, de que son invisibles, de que nadie habla de ellos (en medio de un gran escaparate público de las identidades varias), de que no le importan a nadie, el populismo les ofrece una explicación, señalando un supuesto culpable y una esperanza de (falsa) solución.

El discurso populista se estructura en torno a los siguientes conceptos esenciales:

- El pueblo. Frente a la idea de una sociedad plural y heterogénea, para el populismo es el pueblo quien articula la nación: un concepto genérico y elástico que reúne a la gente común mayoritaria y es el soberano que decide en última instancia.

  Como este pueblo homogéneo no existe, hay que construirlo. Y para ello es necesario desarrollar la fuerza de los afectos en la movilización política; ocupar los espacios de comunicación social con sus mensajes y consignas todo lo posible y definir un "ellos" contra el que construir el "pueblo" mediante la inevitable confrontación.

- La élite. También llamada la casta, los de arriba, los ricos, los poderosos, la oligarquía, aquellos que no son del pueblo. Siempre una minoría que ostenta el poder gracias al cual controla, manipula, engaña, abusa y explota al pueblo, a los de abajo. Son "ellos", "los otros", contra los que resulta legítimo sentir aversión, incluso odio, porque intentan evitar que el pueblo se articule y les haga frente hasta acabar con sus privilegios injustificados.

Para el populismo, el conflicto entre pueblo y elite, nosotros y ellos, es la esencia

de la política, porque es lo único constitutivo de verdadera soberanía popular.

- El líder. El líder es para el populismo el
responsable histórico de transformar a la
multitud descontenta en el pueblo soberano, dispuesto a tomar el futuro en sus
manos.

  El líder es uno más del pueblo, frente a
  los políticos profesionales del *stablish-
  ment*, una persona "normal", que se siente obligado a asumir una función casi
  mesiánica en defensa de los verdaderos
  intereses del pueblo.

- La Nación. Le permite cubrir tres necesidades: delimitar el marco que define al
"nosotros el pueblo"; trazar las fronteras,
por muy arbitrarias que sean, que definen
el marco de la "soberanía nacional" y, por
último, desarrollar un nuevo contexto de
confrontación emocional: el nacionalis-
mo/patriotismo.

Tan importante es la nación para la arquitectura social del populismo que le obliga a mantener un discurso centrado en dos ideas: nuestra nación primero y nuestra soberanía nacional primero.

A partir de estas piezas clave, el populismo construye una teoría dinámica de la acción política que incluye los siguientes vectores:

- Democracia igual a soberanía popular. El populismo del siglo XXI no es contrario a la democracia. De hecho, se presenta como defensor de la "verdadera" democracia basada en la soberanía del pueblo y contrario a la "democracia real", actualmente secuestrada por las élites que utilizan para ello a los partidos políticos del "sistema" y al conjunto de normas e instituciones intermedias que caracterizan a una democracia liberal.

  Frente a la idea de pacto racional entre individuos libres pero diversos que sostiene a la democracia liberal heredera de la Ilustración, la democracia populista se basa en la homogeneidad del pueblo con un único interés común, presentado casi siempre como cosas evidentes, sencillas, de "sentido común". El individuo queda subsumido en el grupo.

Y frente al equilibrio institucional de poderes controlándose mutuamente (legislativo, ejecutivo, judicial), la democracia directa solo es posible gracias al vínculo entre pueblo y líder, sin intermediarios.

- La confrontación entre ellos y nosotros. Hemos visto cómo el conflicto es esencial para el populismo. No solo porque responde a su concepción de la vida política alejada de cualquier posibilidad de pacto entre intereses enfrentados sino porque lo necesita para "construir" pueblo.

Está obligado, pues, a mantener la presión por el conflicto de manera permanente (incluso cuando ha ganado y ejerce el poder) por lo que necesita de manera continua "construir" un enemigo contra el que movilizar las energías del pueblo.

En ambas circunstancias, la utilización de la mentira, la manipulación, la envidia o el odio, constituyen herramientas de uso común en las políticas populistas para mantener viva la presión popular.

- Movilizar emociones. Si la razón permite a los individuos alcanzar conclusiones, las emociones nos empujan a la acción, a menudo impulsiva. Y el populismo necesita la acción unida del grupo. Construir pueblo y mantener activa la lucha contra los enemigos del pueblo exige una movilización permanente que solo se consigue y se mantiene mediante un importante aparato de propaganda que utilice todos los medios a su alcance y rentabilice las mejores técnicas disponibles. En el siglo

XXI eso exige apelar a las emociones con mensajes simples y llamativos dirigidos a captar la atención en un mercado muy competitivo cargado de mensajes con el mismo fin y el uso de las redes sociales como transmisores preferentes de los mismos. Y repetir, repetir y repetir hasta que parezca verdad.

Como ideología, el populismo es incompleto, lo que le permite adherirse sin demasiados problemas a otros planteamientos políticos tanto de derecha como de izquierda. De igual manera, algunos de sus planteamientos, métodos o consignas tienden a contagiarse a otras formaciones políticas que, sin ser populistas exactamente, adoptan algunos de sus postulados o maneras, agrandando así su desafío, como amenaza, a la democracia liberal al reducir el espacio público del debate racional entre opciones alternativas y legítimas, característico de esta última.

EL POPULISMO ESTÁ EN NUESTRA NATURALEZA

El populismo conecta con nosotros a través de nuestros sentimientos o emociones (miedo, alegría, orgullo, celos, vergüenza, odio, vanidad…), que son reacciones automáticas, una revolución fisiológica interior que el cerebro genera ante estímulos o situaciones que son de especial relevancia para animales o personas.

La vida humana transcurre sobre un fondo emocional. En palabras de un ilustre psicoanalista español: "Es erróneo creer que el Yo es exclusivamente racional porque en las actuaciones regladas sobre la realidad se precise controlar las emociones" (C. Castilla del Pino).

El sociólogo W. Pareto señalo en un artículo publicado en 1901 que "la mayor parte de las acciones humanas tienen su origen no en el razonamiento lógico sino en el sentimiento", aunque luego "inventa explicaciones lógicas a posteriori para justificar sus acciones".

Los sentimientos son instrumentos de los que dispone el sujeto para la relación tanto con personas, animales, cosas como para consigo mismo. Por tanto, los sentimientos ayudan al sujeto a "interesarse por la realidad y organizarla subjetivamente" (C. Castilla). Tan importante papel desempeña, por ejemplo, en la memoria, que de quien no tiene sentimientos decimos que cursa una patología que afecta a su capacidad para percibir la realidad y para interactuar con los demás.

Esta tesis es fundamental en nuestro razonamiento: los populismos movilizan a los seres humanos poniendo en acción su cerebro emocional y haciéndole que tome el control sobre sus actuaciones a medio plazo. Recordemos aquí que entre las características de las emociones humanas (se han detectado hasta 27, más allá de las seis básicas) se encuentran: provocar una predisposición a la acción; son universales, se dan en todas las culturas; perduran a lo largo del tiempo y, por último, se contagian.

Tener sentimientos, aunque con diferencias, es algo que compartimos con aquellos animales con los que estamos más cerca en la cadena evolutiva. Si apenas 80 genes sobre un total de 20.000 son cruciales para explicar qué es un ser humano, comparado con un chimpancé o un gorila, disponer de emociones no forma parte de esos rasgos distintivos.

De hecho, el cerebro emocional se ha desarrollado a lo largo de la evolución (antes incluso que el cerebro racional más vinculado al desarrollo del lóbulo frontal cuando pasamos a ser bípedos) con una función específica muy útil: "ayudarnos a identificar lo que nos conviene y lo que no nos conviene" (Morgado). Y añade el investigador: "también usamos los sentimientos como un instrumento para medir, evaluar y ca-

talogar objetos, personas, situaciones, acontecimientos, experiencias o ideas" y comunicárselos
a otros humanos. Además de controlar el funcionamiento ordinario del cuerpo, nuestro cerebro genera los procesos mentales para controlar
nuestro comportamiento., lo que "nos convierte
en seres inteligentes, capaces de sentir, pensar y
razonar para hacer lo que deseamos o nos conviene en cada momento o situación".

Ante la pregunta sobre qué es lo que nos
hace humanos debemos responder: frente a la
Inteligencia Artificial, las emociones nos hacen
humanos (aunque la IA acabará imitándolas
como un buen actor en escena). Frente al resto
de animales y sobre todo al resto de primates, la
razón es lo que nos identifica como humanos.

Nada en la vida es más fuerte que el instinto
de supervivencia. Y a ello contribuyen los sentimientos de manera decisiva. Pero el cerebro
humano es capaz de desplegar estrategias de

supervivencia mucho más poderosas utilizando nuestras capacidades racionales, gracias a las cuales somos capaces de:

— Detectar patrones en nuestro entorno y elaborar previsiones a partir de ellos (algo que harán ahora los algoritmos y la Inteligencia Artificial).

— Concebir cambios en el mundo que mejorarían nuestra situación.

— Comunicar estas ideas a nuestros congéneres.

— Cooperar en grupos capaces de cosas que uno solo no podría.

— Trasladar toda esta información a las generaciones futuras.

En todo este proceso nuestro cerebro es capaz de cometer errores movido por dos factores: los sesgos cognitivos procedentes de nuestro "pensamiento rápido" (Kahneman) y el predominio de las emociones sobre la razón.

Y la muy conocida resistencia de nuestro cerebro a reconocer que se ha equivocado es lo que permite que seamos el único animal que tropieza dos veces con la misma piedra repitiendo errores similares, sin aprender de la experiencia. Como dice Gutiérrez-Rubí: "Nuestro cerebro detesta el conflicto interno, por eso se refugia y valida toda información previa que refuerce el apriorismo instalado".

Los sesgos cognitivos nos empujan a tomar decisiones de forma rápida y a menudo precipitada, sin toda la información pertinente, lo cual tiene sentido ante problemas de supervivencia cuando no hay tiempo para valorar. Es un mecanismo de defensa a corto plazo, casi instintivo, donde el juego de sentimientos toma el mando por un instante. "El sistema emocional es un instrumento adaptativo sin el cual nos sería imposible resolver situaciones que exceden las capacidades de análisis racional ya sea por carencia de información o por la velocidad de las circunstancias" (F. Manes y M.Niro).

El problema es cuando los sentimientos, las emociones, toman el mando durante un tiempo largo y adoptan decisiones sobre la planificación y el medio plazo, sustituyendo en esto a la razón. Las emociones a veces se desbordan irrefrenablemente porque esa es su naturaleza. Cuando esto acurre en un colectivo, cuando la razón acaba pensando lo que sentimos, estamos entregando el mando al populismo.

Este es un punto crucial en mi argumentación: "Cuando las emociones se desconectan de la razón, los individuos se vuelven torpes, cambia su personalidad y se compromete su destino" (Morgado). Por eso, en la permanente interacción entre razón y emoción: "aunque las emociones determinan nuestro comportamiento, ellas mismas son casi siempre subsidiarias y servidoras de la razón (…) (por ello) los buenos argumentos racionales son capaces de modificar los sentimientos de las personas para ponerlos de su parte".

En suma: "La razón sin emoción es como un general sin ejército. La emoción sin razón es como un coche sin frenos" (Morgado). Como ya sabían los griegos (tanto los filósofos, como los autores de las tragedias y comedias) "en nuestro interior anida un conflicto permanente entre razón y deseo. Nosotros somos el conflicto entre razón y pasión" (Mauro Bonazzi).

Dado que ignorar los sentimientos es grave, pero sobreexcitarlos para su utilización política es peligroso, deberíamos llamar inteligencia al justo equilibrio entre razón y emoción, sacando en cada momento lo que sea más adecuado a la situación.

Los sentimientos, en cuanto mecanismo primitivo de supervivencia, tienden a contagiarse rápidamente en una colectividad humana como parte de su naturaleza. El miedo, el odio, la violencia son sentimientos que pueden activarse y extenderse en un colectivo de manera artificial, es decir, aunque no exista una causa verdadera y suficiente que los provoque. Si un trastorno de ansiedad hace que un individuo detecte peligros donde no los hay y evalúe riesgos en exceso, el populismo es una patología colectiva que afecta a una sociedad cuando determinados sentimientos negativos se activan de manera exagerada, más allá de toda evidencia y se sobreponen a la razón hasta anularla.

La psicología de masas estudia por qué los individuos, en determinados momentos y circunstancias, se contagian del comportamiento de los demás y los asumen y repiten sin cuestionarse nada. Analiza ese momento en que el Yo desaparece absorbido por un Nosotros que tiene una entidad propia: el todo es más que la suma de las partes.

Este punto es fundamental y lo repetirá también Freud: al entrar en un grupo, el individuo queda subordinado a las pulsiones del grupo (se genera un Super Ego colectivo que se impone a los individuales) y su conciencia moral individual se diluye hasta desaparecer. La personalidad consciente del individuo es tomada por cierto inconsciente colectivo, añade tras los acontecimientos de la I Guerra Mundial.

Los sentimientos de las masas son simples, impulsivos y exaltados y se llega a ellos por identificación, contagio, sugestión o sensación de mayor poder. La masa no existe sin un líder, dice Le Bon, que pasa a dominar al grupo. Y añade, "aunque las masas han desempeñado siempre un papel importante en la historia (…) la acción inconsciente de las masas, al sustituir la actividad consciente de los individuos, representa una de las características de la época" (Le Bon).

Ambos autores coinciden en señalar la carencia de libertad del individuo integrado en una multitud. Sobre este aspecto insistió más el tercer autor que queremos referir aquí: Wilhelm Reich, que desde el psicoanálisis y el marxismo escribió en 1933 sobre el fenómeno de Hitler y, en menor medida, Mussolini. Y donde empieza reconociendo que "con una energía inaudita y una gran habilidad (los nacional-socialistas) han entusiasmado efectivamente a las masas y conquistado el poder". Y prosigue que el problema fundamental es entender por qué las masas se disocian de su situación objetiva de clase para alinearse, por razones ideológicas, con intereses ajenos: ¿por qué los obreros se hacen nazis, en lugar de comunistas, como señala el marxismo? Dicho en sus palabras: "¿qué es lo que impide el desarrollo de la conciencia de clase?".

A los efectos, nos quedaremos con una conclusión evidente a estas alturas: el comportamiento de las masas siempre está determinado emocionalmente. Por eso mismo son, también, más manipulables. Por la publicidad o por los expertos con fines políticos.

CUANDO LE LLAMAN DEMOCRACIA Y NO LO ES

Hasta los nacidos antes de la década de los 90 del siglo pasado, la democracia en Occidente se identificaba con la lucha contra el totalitarismo: nazi y fascista, derrotado en la II Guerra Mundial, y comunista durante los años de Guerra Fría. La democracia era vista, pues, como el régimen de la razón frente al totalitarismo movilizador de los peores sentimientos de miedo y odio de los seres humanos.

Tal vez olvidamos que los totalitarismos no lo fueron desde el principio y que muchos de ellos alcanzaron el poder dentro de un marco democrático para acabar con el mismo con posterioridad. Quizá por ello, si hubiéramos fundado la defensa de la democracia en la lucha contra el asalto a la razón que esconden los populismos que evolucionan hacia el totalitarismo, no nos veríamos ahora con una joven generación que ya ha roto esa conexión y que valora la democracia por sí misma y no como lo contrario al populismo totalitario que tanto daño nos ha hecho a lo largo de la historia.

Para muchos jóvenes de hoy, el populismo compite, sin más, sin referentes históricos, ni antecedentes, con la democracia en la búsqueda de soluciones eficaces a los problemas e incertidumbres actuales. Y con su demagogia, simplicidad y búsqueda de chivos expiatorios, tiene muchas papeletas para imponerse.

La democracia es un sistema de organización social en el cual conviven, colaboran y trabajan con objetivos comunes, personas que no piensan igual, no creen en los mismos dioses, o no tienen el mismo color de piel. En democracia, el "nosotros", el "demos", son todos aquellos que viven y trabajan en el marco de un mismo país (las democracias siguen siendo de base nacional) y aceptan las reglas constitucionales de las que se han dotado, compatibles con diferentes creencias y actitudes privadas. La tolerancia es, pues, un principio definitorio de la democracia, así como la aceptación de quien no piensa como yo como adversario, pero nunca como enemigo.

La democracia es el sistema más sofisticado de cooperación a gran escala entre humanos jamás inventado, ya que se centra en los que nos une y desinflama aquello que nos diferencia. La confrontación sistemática, la violencia, el insulto, la polarización son enemigos de la democracia contra los que debemos estar prevenidos.

La democracia reconoce la interdependencia entre humanos, que juntos ganamos, y practica el diálogo, la negociación y el acuerdo. Los totalitarismos desprecian al otro y reducen el nosotros al grupo homogéneo que comparte una identidad hegemónica, confrontando y expulsando al resto del sujeto común, empequeñecido.

En democracia, la soberanía reside en el pueblo. Por razones de eficacia, delega parcialmente el ejercicio de esa soberanía en los tres poderes clásicos: legislativo, ejecutivo, judicial, al que podemos incorporar hoy en día un cuarto poder: los medios de comunicación.

La delegación del ejercicio de la soberanía se realiza bajo el principio de la desconfianza, para evitar una usurpación de la soberanía por parte de alguno o todos los poderes delegados. Por ello, se diseñan las instituciones democráticas para que puedan controlarse de manera cruzada, se les exige transparencia en el rendimiento de cuentas y se les acompaña de organismos independientes de control cuando la complejidad de la materia hace difícil que el pueblo pueda ejercerla directamente.

Todo ello tiene una finalidad clara: evitar los abusos por parte de los diferentes poderes delegados y la usurpación, total o parcial, de la soberanía popular. Repito, desde el principio de la desconfianza respecto a quienes ejercen dichas funciones: para evitar tentaciones de mal uso y los abusos de poder.

La compleja regulación de este entramado institucional tiene como referente habitual la Constitución como gran marco regulador y sus leyes derivadas, pero también un amplio conjunto de reglas no escritas, comúnmente aceptadas, sin las cuales el todo democrático no acaba de funcionar de manera correcta. Por ejemplo, no mentir a sabiendas o aceptar el resultado de las elecciones salvo que se pueda demostrar ante un juez alguna irregularidad.

La democracia se compone, pues, de libertades políticas, estado de derecho y reglas no escritas. Y sobre todo dación de cuentas, control independiente y controles cruzados entre los poderes delegados.

Está creciendo en todo el mundo occidental la preocupación por la deteriorada salud de nuestras democracias. La prueba imbatible de este retroceso democrático podemos fijarlo en el auge del populismo que, desde USA hasta Europa, refleja, sobre todo a partir de la crisis financiera de 2008, una creciente insatisfacción ciudadana con el funcionamiento de las democracias.

Los sistemas democráticos no están respondiendo a las necesidades y expectativas que generan entre los ciudadanos, sobre todo, en un mundo en pleno cambio disruptivo de la mano del cambio climático y la Inteligencia Artificial, percibidos como amenazas a las que no estamos sabiendo dar respuesta adecuada. Esto genera inseguridad, susceptible de transformarse en miedo y en crisis de representación política: aumenta la distancia entre el mundo político y las preocupaciones de los ciudadanos, provocando enfados y reacciones de apoyo al populismo y su mensaje simple, aunque falso, capaz de movilizar la ira ciudadana contra supuestos culpables.

Las democracias mueren hoy no tanto por golpes de estado militares sino desde dentro, por no usarlas correctamente. Bien porque alguno de los poderes se impone a los otros, reduciendo el control cruzado, porque se adormecen los organismos independientes de control externo, o porque se arrinconan las reglas no escritas de funcionamiento, poniendo en cuestión todo el entramado y dejando de hacer su función principal: resolver los problemas de los ciudadanos que le han delegado su soberanía.

Las dos mayores amenazas internas hoy para la democracia occidental provienen de la partitocracia y, como efecto derivado, la polarización política. La primera, porque reduce la eficacia de los controles cruzados y adormece los controles independientes. La segunda, porque al fortalecer aquello que nos diferencia, incita a la confrontación y debilita lo que une, lo común.

La partitocracia sitúa el interés particular de los partidos por delante del interés general que, muchas veces, ve negada incluso su existencia. La vemos cuando los partidos subordinan los medios por el fin de llevarlos al Gobierno, cuando expanden, desde el Ejecutivo, su control sobre el resto de poderes, cuando sitúan a peones suyos al frente de los organismos independientes de control y cuando la voluntad del líder se acaba imponiendo sin los oportunos controles y contrapesos.

La partitocracia se nota también cuando dejan de hacerse las reformas institucionales necesarias para el bien común, porque para hacerlas hace falta la colaboración entre los principales partidos que, con frecuencia, saldrán perjudicados de dichas reformas. Las reformas electorales, como paradigma.

La crispación y la polarización fomentan la división y la confrontación, rompiendo el "demos" común, y anulan cualquier posibilidad de diálogo y acuerdo entre diferentes. Transforman al adversario en enemigo y acaban con la posibilidad del diálogo transversal, esencia constitutiva de la democracia, fragmentando a la sociedad en "buenos" y "malos". Es el clima que necesita la partitocracia para justificar un choque de legitimidades entre poderes, avanzar en su proyecto de colonización de los poderes y controles institucionales. Como evidencia del impacto de la crispación, los delitos de odio se han incrementado en España un 300% en 2023, último año sobre el que hay datos.

La partitocracia, en la medida en que conlleva un intento de apropiación del Estado por parte de un partido, suele favorecer la corrupción política: cuando se pervierten los mecanismos públicos de adjudicaciones de obras y servicios a cambio de comisiones que pueden ser para beneficio de personas o/y del partido en el Gobierno.

Cuando el sistema democrático enfermo, incapaz de alcanzar los pactos y alianzas imprescindibles por la crispación reinante, no encuentra solución a los problemas de los ciudadanos se muestra ante estos como ineficaz. Una versión fuerte de este caso es cuando la democracia se muestra incapaz de combatir a los grupos organizados de delincuencia (narcos) y por tanto abundan la violencia, los sobornos, las zonas en las que el estado no tiene presencia, etc.

Otros factores externos también han contribuido al descrédito de la democracia ante los ciudadanos. La globalización de la economía obliga a los gobiernos nacionales a alinear los sistemas e incentivos económicos nacionales con las exigencias impuestas por los inversores exteriores y los mercados mundiales que solo buscan su propio beneficio. A veces, estos requerimientos entran en contradicción con los deseos expresados por los ciudadanos en las elecciones. Un ejemplo claro fue durante la crisis del euro (2009-2012), cuando los mercados de capitales para prestar a los países endeudados del Sur de Europa las cantidades que necesitaban, les impusieron una política de austeridad en el gasto público y en la privatización del sector público que se tradujo en empobrecimiento de los ciudadanos de estos países y en serias protestas. Los Gobiernos democráticos nacionales se vieron obligados, por la fuerza "de los mercados financieros mundiales", a aplicar políticas contrarias a aquellas por las que habían sido elegidos.

LA INTELIGENCIA ARTIFICIAL (IA) YA ESTÁ AQUÍ

Es la revolución tecnológica más disruptiva e importante de todas las que, a lo largo de la historia, han protagonizado los seres humanos. Y es así porque si bien las anteriores han buscado reemplazar/potenciar fuerza de trabajo humana, la IA pretende, por primera vez, reemplazar/potenciar el talento humano, esa característica que, creemos, es la que nos define como humanos y nos hace una especie diferente a las otras.

La idea detrás de la IA es reproducir, de la manera más aproximada posible, un cerebro humano, dotado de su capacidad para "pensar" y crear algo, más allá de aquello para lo que se le haya programado. Imita, pues, las capacidades y habilidades cognitivas del cerebro humano. Eso es, precisamente, lo que abre la puerta a la posibilidad de que pueda alcanzar un nivel de inteligencia propio superior al nuestro y entonces "decida" revolverse contra nosotros como hemos visto que ocurre en tantos relatos de ciencia ficción ("2001: una odisea del espacio" y "Matrix", como los más citados junto a "Blade runner").

Además, plantea también el debate filosófico sobre qué es "ser humano" si aquello que hemos considerado nuestro valor diferencial es replicable y mejorable en una máquina que puede tener hasta aspecto humano. Y, además, permite elucubrar con distintas posibilidades de alargar la vida humana con distintos tipos de implantes mecánicos, haciendo una especie de síntesis entre máquina y humanos e incluso hacerla eterna si conseguimos transferir el contenido del "disco duro" de nuestro cerebro a una IA preparada para "ser nosotros" (transhumanismo).

Más allá de esto, dos cosas están claras ya: la IA es imparable, mejorando sus capacidades día a día, por lo que va a provocar los mayores cambios en nuestra economía, convivencia, cultura, comunicación, investigación y maneras de "estar" en el Planeta. También, en la vida política y, por tanto, en la democracia.

La nueva ola tecnológica en marcha va a reordenar además nuestro mundo, también en su aplicación a la biotecnología y el orden mundial en la medida en que viene envuelta en una fuerte confrontación entre China y EEUU, desde valores enfrentados, por el control de la misma.

A diferencia de los algoritmos que hacen una cosa siguiendo las instrucciones precisas y secuenciales, programadas por los humanos y que permiten, por ejemplo, hacer funcionar una lavadora, controlar el sistema de semáforos de una ciudad, imprimir un documento, cambiar de canal en la televisión o seleccionar los contenidos y enlaces que se muestran al usuario cuando pregunta a una plataforma, la IA representa un salto cualitativo ya que reproduce el funcionamiento de las redes neurales de nuestro cerebro y no necesita programación, sino que va descubriendo patrones, aprendiendo, sacando consecuencias y conclusiones por sí sola, imitando el proceso de aprendizaje de un niño. La nueva IA generativa, en concreto, es capaz de crear contenidos expresados como texto, voz, o imágenes.

Esto le permite hacer cálculos simultáneos y no sucesivos, con lo que incrementa su capacidad, velocidad y potencia respecto a los tradicionales algoritmos, a la vez que se "independiza" de los humanos. Para ello, además de una serie de complejos programas informáticos (Machine learning, Deep learning, …) necesita entrenarse utilizando información en forma de millones de datos, que son la materia prima que le permita "aprender", y tiempo. Por ejemplo, para que aprenda a jugar al ajedrez, tiene que "ver" millones de partidas para entender las reglas, objetivo, estrategia, etc. Con esta información, con estos datos, la IA puede elaborar movimientos en las partidas de ajedrez novedosos, es decir, que no se han hecho antes: en este sentido puede ser creativa.

Los datos son, pues, fundamentales para el aprendizaje de los modelos de IA: cuantos más datos y mejores, el funcionamiento de la IA será más rápido y mejor. Por eso se dice que, en la nueva economía del conocimiento, los datos son el petróleo que hace funcionar los sistemas digitales. Primero se detectan y visualizan, luego se detectan patrones que permiten agrupar y anticipar demandas y, por último, la IA puede hacer recomendaciones derivadas del análisis de tus datos históricos: recomendarte un libro, una película o un restaurante, en función de tus patrones previos de conducta.

El llamado Big Data, surgido a principios de los 2000, permite ordenar ingentes cantidades de información/datos no estructurados, que tienen mucho valor económico en el mercado porque son imprescindibles para entrenar a la IA. Las fuentes de los datos relacionados con los humanos son muy diversas: desde el GPS, los mails, chats, redes sociales, compras por internet, contabilidad de una empresa, visualización de programas en TV o plataformas, incluso nuestras conversaciones domésticas que pueden ser recogidas por dispositivos especiales. Esto plantea el problema de que, en muchas ocasiones, el proceso de recogida automática de nuestros datos no ha sido autorizada por nosotros, vulnerando así nuestro derecho a la privacidad. Sobre todo cuando con ellos alguien gana dinero o conoce cosas que puede utilizar para condicionar nuestras decisiones mediante, por ejemplo, publicidad selectiva o noticias sesgadas en función de nuestras preferencias manifestadas en otro contexto.

En otro ámbito, casi todos los productos llevan un código digital que permite ser leído por una máquina para cobrar en caja o para controlar las existencias en un almacén, desde donde puede encargar directamente a fábrica más producto cuando queda poco respecto al nivel habitual de ventas. Es el llamado internet de las cosas que puede también digitalizar nuestros domicilios y ocuparse de determinadas compras en una conversación entre máquinas de IA. Un domicilio domotizado detecta cuando no tienes suficientes botellas de leche, o cualquier otro producto que uses habitualmente, y encarga al supermercado por internet un nuevo pedido que se pagará con cargo a la tarjeta que ya tiene registrada. Todo ello sin intervención humana alguna. Otro ejemplo es el coche autónomo, capaz de circular sin conductor humano después de un aprendizaje muy complejo que ha durado años por la elevada cantidad y variedad de datos a procesar por la IA hasta permitirle tomar decisiones.

La IA vive ya con nosotros, aunque ha dado un salto importante con el desarrollo y comercialización del ChatGPT y similares que utilizan, además, la voz y el idioma para mantener conversaciones o responder preguntas, donde la IA ha mostrado su utilidad para ayudarnos en multitud de tareas a la vez que permite sustituirnos en otras de carácter rutinario. La IA es una tecnología que presenta sus riesgos así como sus ventajas. Como todas: el cuchillo permite cortar la carne o matar, como el fuego puede cocinar o quemar la cocina.

A partir de ahí, por su novedad, surge la duda de si los riesgos superan a las ventajas, o al revés y, en todo caso aumenta la percepción de que es necesario aprender a regular su uso para asegurar que no escape al control humano, ni colisione con derechos establecidos. Regular el uso de la IA no debería resultar extraño a una sociedad que ha considerado necesario regular, a lo largo de la historia, la industria farmacéutica, alimentaria, de bebidas, el transporte de animales vivos entre otras muchas, o ha fijado edades mínimas para obtener el carnet de conducir, comprar bebidas alcohólicas o ejercer el derecho al voto.

El problema, pues, no es la IA, sino en manos de quien esté y cuáles son los incentivos con que se utiliza y en qué marco institucional. Y ahí nos encontramos a fecha de hoy, con dos modelos hegemónicos: el norteamericano y el chino, únicos países, de momento, con empresas capaces de jugar la liga mundial de la IA. El modelo americano: convertir la economía de los datos en negocio privado. Se basa en empresas privadas, el libre mercado, la competencia, la innovación y maximizar el beneficio empresarial.

Controlado por cinco grandes empresas (Amazon, Alphabet/Google; Apple, Microsoft y Meta/Facebook), cuyo valor bursátil supera el PIB de la India, facturan más que el PIB de Brasil, suelen tributar en paraísos fiscales y han convertido a sus dueños/creadores en las mayores fortunas personales del mundo. Su desarrollo ha dado lugar a dos nuevas variantes en el sistema económico: el capitalismo de plataformas (empresas cuyo principal activo físico es un algoritmo que une oferta y demanda en un mercado concreto: Airbnb; Uber; Globo…) y el capitalismo de vigilancia que extrae datos de la actividad diaria de las personas para monetizarlos en marketing y publicidad dirigidos, aunque también se han usado para influir en votaciones electorales.

El modelo chino, en línea con el autoritarismo vigente en el país, utiliza la tecnología y los datos para reforzar el control estatal sobre los individuos y su comportamiento. Las cuatro grandes empresas chinas del sector (Alibaba, ByteDance/Tic Toc, Huawei y Tencent), impulsadas con apoyo público, están sujetas a las necesidades del Gobierno y de Partido Comunista chino, tanto en el objetivo de alcanzar el liderazgo tecnológico mundial como en el de garantizar el sistema político dictatorial.

Si China rivaliza hoy con EEUU por la hegemonía tecnológica global es en parte gracias al fuerte apoyo estatal a empresas muy conectadas con el poder político. En cuatro campos: subvenciones, protección frente a la competencia exterior, leyes que imponen obligaciones y garantía de acceso a las materias primas tanto de minerales como de datos, buscando la autosuficiencia tecnológica.

Como el control político es la base del modelo chino, se utiliza la tecnología para censurar las comunicaciones en internet, distribuir propaganda gubernamental y vigilar a los ciudadanos con programas como el de "crédito social" individual o la extensa implantación de cámaras de reconocimiento facial en calles y locales para supuestamente combatir la delincuencia.

La actual confrontación entre EEUU y China en torno a todo lo relacionado con la industria de la IA, incluyendo las materias primas y los chips imprescindibles para las mismas, es mucho más que una batalla entre empresas o entre países: también hay una confrontación entre modelos políticos y sociales, con la democracia liberal en juego.

Porque la utilización y despliegue de la IA de manera conjunta a las redes sociales afecta a la sociedad, a los individuos y a la democracia. En primer lugar, porque otorga un poder enorme a un reducido grupo de empresas muy ricas y poderosas, que lo pueden compartir con el Estado además de utilizarlo para incidir y manipular el comportamiento humano. El mío y el suyo. En segundo lugar, se apropian de un volumen ingente de datos de usuarios, con riesgo para la privacidad y pudiendo hacer un uso inadecuado de los mismos, como han demostrado casos como el de Snowden o el de Cambridge Analitics. En otros casos, su captación indiscriminada de datos choca con los derechos de autor lo que ha llevado a juicio a algunas plataformas con medios de comunicación y revistas, de donde extraen noticias o artículos sin permiso. Por último, porque tienen un enorme poder sobre el discurso público lo que facilita la desinformación y la polarización social.

El objetivo esencial de las poderosas empresas tecnológicas es mantenernos el mayor tiempo posible conectados a sus servicios a través de las redes, incluso ofreciendo contenidos gratuitos, ya que ello les permite monetizar nuestra atención en forma de introducir publicidad selectiva. Con la información personalizada que obtienen, sus algoritmos les permiten fragmentar y agrupar a los usuarios haciendo posible dirigirse a aquellos más propensos a una información determinada, evitando el desperdicio de la publicidad genérica y multiplicado el impacto de la misma sobre la conducta humana. Saber quién es tu público potencial y dirigirte solo a él es un viejo sueño de la publicidad que la IA hace posible a costa de reducir nuestra autonomía de decisión.

En España, el 90% de los ciudadanos se conecta diariamente a internet, un promedio de 5,20 horas diarias entre televisión, redes sociales y canales de música. Los adolescentes superan en mucho el tiempo de enganche a la red. En el mundo, internet supera los 4000 millones de usuarios (más de la mitad de la población mundial), de los cuales casi la mitad lo hace mediante el móvil.

Como los enormes ingresos de las empresas propietarias dependen del número de usuarios y del tiempo que estos dediquen a estar conectados, todo su esfuerzo se dedica a incrementar ambos, utilizando para captar y retener nuestra atención todo lo que conocen de nosotros gracias a los datos nuestros de que disponen para crear perfiles sobre quiénes somos, nuestras preferencias y deseos, usándolo para mantenernos conectados, incluso con riesgo de caer en adicciones, sobre todo los menores. Notificaciones, novedades y estímulos constantes (te estás perdiendo algo que te deja al margen de tus amigos), un salto respecto a la publicidad y el marketing tradicional con acceso a información individualizado de gustos, preferencias y actitudes de los consumidores.

Los avances de la neurotecnología, con dispositivos conectados directamente en el cerebro, aumentarán los riesgos y hacen más necesario que nunca regular los neuroderechos: derecho a la identidad, al libre albedrío, a la privacidad, al acceso equitativo a las tecnologías de mejora y protección frente a los sesgos en los algoritmos.

En tercer lugar, porque les da una enorme capacidad de influencia sobre el discurso público y la conversación colectiva que debe estar presidida por la novedad constante como parte esencial de la batalla por la atención. Una vez han fragmentado y reagrupado a los ciudadanos en nichos por similitud de preferencias, las empresas tecnológicas necesitan utilizar procedimientos surgidos de la psicología para captar y, sobre todo, retener y fidelizar la atención. Y en ese terreno, la sorpresa, la novedad, lo escandaloso, incluso lo escabroso es imbatible para la gran mayoría de personas. De esas personas que forman un atasco en la carretera por ralentizar la marcha de sus vehículos para ver un accidente donde están los servicios de emergencia y tu nada puedes hacer. Salvo mirarlo.

Esta realidad, de lo que los humanos no deberíamos sentirnos orgullosos pero que es muy real, aunque pocos lo reconozcan, permite a las plataformas utilizar e incentivar aquellos contenidos que nos "enganchan" más: sexo, violencia, peleas, discusiones, escándalos... permanentemente actualizados porque la novedad y la intriga forman parte de la estrategia para retener la atención. Es frecuente, por tanto, que las plataformas emitan pornografía, programas basados en fuertes broncas y discusiones entre los contertulios, noticias escandalosas, series... y que fomenten en las redes (o no lo impidan) bulos, mentiras, insultos... dando cobertura a actitudes marginales que, gracias a ellas, adquieren una audiencia insospechada aprovechando, entre otras cosas, el anonimato. Hablamos de un espacio en el que la relevancia y precio de mercado viene determinado por el número de seguidores y el de *likes* que se consiga. El fenómeno de los llamados "influencers" es paradigmático de este mundo: si consigues un amplio número de seguidores fieles, las marcas te pagarán porque recomiendes sus productos y, en breve, los partidos políticos entrarán en este juego, si no lo han hecho ya.

Las redes sociales, con su influencia creciente sobre los medios de comunicación, fomentan dos cosas: los impactos llamativos, aunque sean falsos, y la fragmentación de los usuarios en lo que conoce como campanas de eco, en las cuales, gracias a los algoritmos, solo escuchas lo que quieres oír, reforzando con ello tus prejuicios y opiniones, y distorsionando as, tu percepción de las cosas. Con este objetivo, las campañas de desinformación, a veces promocionadas por potencias extranjeras con voluntad de incidir sobre las elecciones en países occidentales, se han convertido ya en uno de los principales riesgos para la democracia.

Las redes sociales han ido adquiriendo un poder creciente sobre la vida pública de las democracias, no solo durante las campañas electorales sino contribuyendo a crear y mantener un ambiente de campaña electoral permanente, en el que prima el espectáculo frente a la gestión, la denuncia frente a la confrontación entre modelos y alternativas, el insulto frente al debate.

Si el modelo chino de implantación de la IA refuerza el poder autoritario del Estado y del Partido Comunista Chino, el modelo americano, occidental, es ya una amenaza seria a la libertad individual y a la democracia política. Al otorgar un elevado poder a las grandes empresas privadas tecnológicas que se benefician de una renta de monopolio. Con sus siderales beneficios pueden influir sobre los gobiernos nacionales y, en efecto, lo han hecho tanto en el de EEUU (el apoyo de Elon Musk al presidente Trump ya ha generado enormes beneficios a sus negocios porque se le supone una gran capacidad de influir sobre la política gubernamental respecto al sector) como en la Unión Europea.

Las plataformas digitales, impulsadas gracias a la IA, generalizan un modelo de relaciones que se basa en asentarse sobre las diferencias, lo que separa, fomentando la polarización, la crispación y el enfrentamiento como espectáculo y no la conversación democrática entre diferentes. Así, la lógica actual del negocio de las empresas de IA es convertir a las personas en seguidores influenciables que consumen y a los ciudadanos en forofos de series, cantantes, productos o partidos políticos. Con ello se rompe la lógica de una democracia liberal basada en fortalecer el espacio común y respetar las diferencias en el marco de un diálogo racional basado en argumentos, aproximando el debate político al científico, con evidencias, método y resultados compartidos.

Un último aspecto sobre efectos preocupantes de estos comienzas de implantación de la IA, donde todavía estamos descubriendo y probando, es las consecuencias que su elevado y continuo uso, sobre todo en niños, jóvenes y adolescentes, va a tener sobre sus capacidades lectoras, de comprensión y de expresión oral y escrita. De momento es evidente que se trata de una cultura mucho más visual y oral en la que la exigencia de novedad impone brevedad e ir saltando permanentemente de unos contenidos a otros. Es pronto aún para constatar el cambio en los modelos de aprendizaje y comunicación de las nuevas generaciones digitales, pero parece evidente que los habrá.

Pero es innegable que el modelo de IA con lógica del beneficio privado afecta y mucho a algo que se considera constitutivo de los seres humanos: qué relatos les unen, cómo se cuentan las cosas para entenderlas y, en este caso, qué tipo de relatos se imponen. Y la manera de contar y el contenido que hace más rentable el uso de las actuales redes sociales premia la indignación, el escándalo, los bulos, la novedad constante (todo dura un instante), la polarización, la brevedad y las afirmaciones rotundas más que explicaciones elaboradas. En las redes, lo que importa no es ni la verdad, ni tener razón, sino atraer la atención para incrementar el número de seguidores y de *likes*.

La capacidad de atracción que ejerce este modelo pervertido de comunicación acaba contagiando a todo lo que compite con las redes para captar la atención de los ciudadanos, atrayendo sus emociones y alejando a la razón: medios de comunicación y, sobre todo, el espacio de la política. Se generaliza así, un modelo que genera ansiedad, excitación, enfado, desconfianza y, en último extremo, odio. Esta perversión respecto al fondo y la forma del relato es lo que acaba socavando más a la democracia liberal y sus principios, favoreciendo los populismos y las alternativas directamente disparatadas.

Poco a poco, a lo largo de la última década, se ha ido generando y extendiendo la convicción de que las grandes empresas tecnológicas, con una lógica de beneficio privado, no pueden disponer de una tecnología tan potente y transformadora como la IA sin ningún tipo de restricción o regulación que evite, precisamente, los elementos de mayor riesgo que su uso puede comportar al entrar en conflicto con derechos humanos como la privacidad o vulnerar los valores constitutivos de una sociedad democrática de derecho.

Empieza a aceptarse la necesidad de un control humano, social, sobre la IA, limitando el actual poder omnímodo de los dueños de cinco empresas privadas globales. Como se ha hecho con otros sectores cuyo desarrollo contiene también riesgos, sean industria alimenticia, transporte, educativa, viajes, energética... Pocos sectores de la actividad humana escapan a la sujeción a una norma que busca protegernos de posibles abusos o mal uso. ¿Por qué algo tan potente como la IA iba a ser diferente y escapar de cualquier norma legal? En realidad, el problema no es la IA, sino determinada gestión humana de la IA lo que afecta tanto el modelo autoritario chino como el actual modelo de libre mercado americano.

Ese cambio empieza a notarse ya en el pulso que los gigantes tecnológicos mundiales mantienen con los gobiernos nacionales. Y, de momento, avanza en una doble dirección: la económica y la jurídica. En septiembre de 2024 el Tribunal de Justicia de la UE ha dado la razón a dos decisiones de la Comisión Europea contra Google: en una se le obliga a devolver 13.000 millones de euros al fisco irlandés por considerar que el tratamiento tributario que consiguió era una "ayuda de Estado ilegal, incompatible con el mercado interior". La segunda, sentencia a favor de la multa que se le impuso por prácticas monopolísticas que incumplen las normas europeas de competencia en el mercado. En este sentido, también un juez federal de Estados Unidos ha sentenciado que Google es un monopolio que mantiene una posición de dominio en el mercado de buscadores gracias a la cantidad ingente de datos que maneja y de los que se apropia de manera ilegal cuando debería dar acceso a sus competidores.

La ofensiva judicial se despliega también ante la negativa reiterada de las grandes empresas a cumplir normas y sentencias que les obligan a controlar los contenidos violentos, sexuales o la desinformación vertidos en sus plataformas. Esto ya ha generado una sanción en Francia contra el dueño de Telegram o la prohibición de X en Brasil. El debate proseguirá en USA cuando se plantee derogar una disposición legal (sección 230) que exime a las plataformas del contenido que se aloje en sus redes, inmunidad que ha permitido lanzar las campañas de odio, bulos y desinformación que vivimos en las redes, sobre todo durante las campañas electorales.

Los defensores del actual modelo desregulado dicen que, en el mejor de los casos, la regulación será inútil, como poner puertas al campo, y en el peor negativa porque frenará la innovación, lo que otorgará una primacía no deseada a las empresas chinas sometidas a un modelo contrario a los derechos humanos. Ambas criticas tienen su parte de razón. Pero ello obliga a hacer buenas normas, no a no hacer ninguna. Al menos, así lo ha entendido Naciones Unidas, que publicó en 2024 un Informe sobre Inteligencia Artificial encargado a un grupo de expertos y que concluye con dos ideas clave: la IA es una herramienta que, bien utilizada, es tremendamente beneficiosa para la humanidad, pero que mal utilizada puede tener efectos destructivos sobre la convivencia política y social. Por tanto, hace falta un mecanismo global que establezca líneas rojas como salvaguardia de los derechos humanos frente a los peligros de un mal uso de la IA. Si no queremos acabar como en China, pero en vez de en manos del Estado comunista, a merced de cinco grandes empresas privadas globales, la democracia debe reaccionar.

En este punto, entra en vigor lo que podemos llamar modelo europeo de la IA basado en enmarcar su desarrollo dentro de disposiciones normativas que la regulen. En concreto, el resto del mundo analiza ya las tres piezas legislativas clave puestas en pie por la UE en los últimos años: el Reglamento de Protección de Datos; la Ley de Mercados Digitales; la Ley de Servicios Digitales y el Reglamento de Inteligencia Artificial que establece requisitos y obligaciones en función del análisis de riesgos que efectúa.

La acción reguladora de los países se empieza a notar, como respuesta en defensa de la seguridad nacional y, sobre todo, de los derechos humanos y la democracia por parte de la IA y las empresas que la gestionan. Se busca quedarnos con lo mucho positivo que está haciendo y puede hacer la IA por nosotros y a la vez que se acotan los riesgos.

A fecha de hoy, existe más especulación que conocimiento sobre la evolución futura de la IA.

Hay quienes aseguran que acabará tocando techo en su evolución conforme se vayan contaminando las bases de datos de donde obtiene su información. La IA no distingue entre un contenido falso y otro verdadero. Por lo tanto, imaginemos que solo se nutre de textos negacionistas sobre las vacunas, entonces ella será negacionista. Es lo que se conoce como sesgo del algoritmo que debemos controlar para evitarlos en decisiones cotidianas como escoger a alguien para un puesto de trabajo. Existe el riesgo también de que en algún momento empezará a nutrirse de datos generados por ella misma, sin contrastar. Otros, por el contrario, dan por hecho que llegará la singularidad, ese momento en el que la IA superará a la inteligencia humana y, sobre todo, conseguirá su autonomía respecto a nosotros, pasando a tomar conciencia de sí misma, lo que le llevará a adoptar sus propias decisiones al margen de nosotros.

A partir de ahí, surge la nueva ciencia ficción capitalista en dos direcciones: el transhumanismo (la IA, mediante su conexión a nuestro cerebro y al ADN, nos mejorará como especie haciéndonos casi inmortales) y la fuga de la Tierra cuando el cambio climático la haga inhabitable y la conquista de nuevos planetas donde seguir viviendo). Ambos proyectos están obteniendo hoy, masiva financiación por parte de los nuevos magnates digitales como Bezos, Musk y Zuckerberg. ¿Serán posibles esos futuros? Y sobre todo, ¿lo serán para los miles de millones de personas que vivimos en la Tierra o solo para aquellos que puedan pagarlo?

¿Cómo reaccionamos ante la IA? Propongo deshacernos de todo el mantra de riesgo y amenaza que se agita entorno a la IA. Tecnología que, por cierto, ya es una realidad, convive entre nosotros desde hace tiempo y su ritmo de implantación está siendo vertiginoso. Regulada de manera adecuada y superada esta fase inicial de dominio por parte de unas pocas empresas que someten su uso o bien al control del Estado (modelo chino), o bien a la captación de la atención a toda costa para ganar dinero (modelo americano), la IA puede ser una tecnología fundamental que nos ayude a los humanos a dar otro salto evolutivo, asemejándose a lo que, en su momento, desarrollamos en las manos, un dedo pulgar oponible, capaz de tocar la punta de los otros dedos de las manos.

El pulgar humano, más largo y fuerte del que tienen el resto de homínidos, nos dio una ventaja biomecánica muy grande a la hora de agarrar y manipular objetos, con fuerza y control para, por ejemplo, construir herramientas precisas o coger pinceles para pintar cuadros. Junto al desarrollo del cerebro y del lenguaje, serían los tres elementos claves en la evolución humana. Creo que la IA puede ayudarnos a un nuevo salto evolutivo, de la mano del control del ADN y del reforzamiento de la capacidad cerebral, tanto como el pulgar en su momento.

No es la primera vez que los humanos se encuentra con el otro, el desconocido, quien no es como yo, aunque tenga muchos puntos en común conmigo. De hecho, la respuesta dada a este encuentro con el diferente es clave para entender la forma política en que se ordenan las sociedades. El otro es quien no es como yo, no tiene mi sexo, mi color de piel, mi religión, mis costumbres o mi idioma. El relato de Adán y Eva puede reflejar este primer encuentro entre diferentes. A lo largo de la historia se han probado cuatro opciones típicas: integrar al otro hasta que se parezca tanto a nosotros, que desaparezca como otro; combatirlo (nosotros contra ellos), en forma de guerra o represión violenta que reafirme una supuesta superioridad de unos sobre otros; coexistir (nosotros y ellos), tolerando las diferencias, pero en marcos aislados, sin apenas contacto, ni nada en común excepto, tal vez, una misma autoridad compartida; convivir (nosotros con ellos), respetando las diferencias, trabajando juntos con un proyecto común y reglas compartidas en forma, por ejemplo, de Constitución. Solo esta última es compatible con la democracia.

Ahora tenemos que decidir qué hacer con ese otro nuevo, llamado Inteligencia Artificial, con la particularidad de que es una creación humana fruto de la razón y de la ciencia, una maquina especial llamada a sustituir no solo fuerza humana como todas las anteriores, sino talento humano. Pero a la que no reconocemos como humana, es decir, a la que no podemos aplicar los derechos humanos. Y no es humana porque carece de sentimientos (aunque puede imitarlos) y de libre albedrío. De momento, al menos. Pero que ya sabemos que va a generar dinámicas propias que van a cambiar de manera drástica nuestras reglas sociales, económicas y políticas. Por eso se hace necesario elaborar un marco de gobernanza responsable de la IA porque, en su ausencia, puede transgredir los derechos humanos.

Al menos, eso es lo que cree, entre otros, Naciones Unidas que ha declarado que el uso de la IA no puede dejarse únicamente al capricho de los mercados y el beneficio privado. Y urge a un uso ético y responsable que ponga a las personas en el centro, es decir, garantice que el uso de la IA respetará los derechos humanos. Para ello, se necesita una arquitectura global inclusiva para la gobernanza de la IA basada en la transparencia, la cooperación y la ética.

Solo así garantizaremos el uso positivo de una tecnología con una capacidad de transformación tan importante como la IA en campos como la investigación científica, la salud, el trabajo, la agricultura e, incluso, el cumplimiento de los Objetivos de Desarrollo Sostenible. En todos esos aspectos y en otros más ya ejerce su capacidad para buscar soluciones con gran celeridad a problemas constatados.

Las empresas están incorporando la IA a gran velocidad. Los expertos del FMI calculan que un 40% del empleo mundial se verá afectado por ella, reemplazando algunos trabajos mayormente repetitivos y complementando al resto lo que puede hacerlos más productivos, lo que puede tener un efecto negativo sobre la desigualdad salarial. Lo cierto es que la IA está reconfigurando ya el mundo del trabajo y, por tanto, de las capacidades requeridas para aprovechar ese nuevo pulgar inteligente que hemos desarrollado, pudiéndonos encontrar en la situación de diferenciar entre ingresos por trabajo y medios de supervivencia para los que se vean excluidos, en forma de una Renta de Ciudadanía.

La IA permite ya, entre otros aspectos, además del GPS, las compras por internet o el diseño de viajes:

- Acelerar la identificación de genes que causan enfermedades y permitiendo tratamientos personalizados.

- Ayudar a los médicos a reducir los márgenes de error en diagnósticos y tratamiento de enfermedades.

- Permitir en educación la creación de sistemas de aprendizaje personalizados y especializados, a distancia, con uso de avatares que se expresan en diferentes lenguas.

- Mejorar la toma de decisiones que requieren analizar grandes cantidades de datos para detectar patrones y tendencias.

- Optimizar, en logística, las rutas de entrega, predecir la demanda de los clientes y mejorar eficiencia en los almacenes.

- Detectar fraudes en servicios financieros, automatizar tareas y mejorando los sistemas de análisis de riesgos.

- Mejorar el rendimiento en agricultura, optimizando el riego, la fertilización y el control de plagas.

- Optimizar las redes eléctricas, mejorando la eficacia y sostenibilidad.

- Personalizar la experiencia del usuario en el sector de entretenimiento.

- Traducción automática.

- Asistentes de voz.

  Y un largo etcétera que la hacen, pues, imparable.

Los próximos tres desarrollos de la Inteligencia Artificial que se esperan de manera inminente y que volverán a convulsionar la realidad social son los robots humanoides (China está construyendo miles de ejemplares de prueba), preparados para ejercer tareas de contacto directo con humanos (cuidadores, camareros, jardineros…); la genética, donde cambiará la detección de enfermedades congénitas y otros, encontrando en tiempo récord medicinas o mutaciones de ADN para curarlas y, sobre todo, el ordenador cuántico que, utilizando la física cuántica, multiplicará por n la capacidad y la velocidad de los análisis y propuestas de solución.

Todos ellos plantean sus propios debates éticos sobre cómo gestionarlos desde un punto de vista humano y no del negocio privado o el control estatal de una dictadura tecnológica. Y refuerzan la necesidad de asegurar que su desarrollo e implantación se hace con dos precauciones básicas: respeto a los derechos humanos incluidos en los valores de la democracia y garantías suficientes de seguridad para evitar ciberataques por parte de grupos o potencias con intención de manipular, por ejemplo, un proceso electoral o una decisión gubernamental. La ciberseguridad se coloca, pues, entre las prioridades que deben acompañar el uso del nuevo pulgar inteligente.

Crece el consenso en torno a la necesidad de regular el uso de la IA como una prioridad mundial. A pesar de que también va aumentando las dudas y el escepticismo sobre las proyecciones apocalípticas de una supuesta IA general que amenace incluso en un futuro impreciso a la supervivencia de la especie humana —hay quien habla de que se está generando una burbuja especulativa en Bolsa sobre este asunto—. Lo cierto es que se conocen ya riesgos de la IA que por sí mismos ameritan una regulación para evitar que la tecnología y el beneficio privado esté por encima del Estado de derecho. Así lo han llegado a solicitar científicos y expertos del sector, incluso algunos ex directivos de las empresas, que han pedido una moratoria sobre el desarrollo de la IA para darnos un tiempo y pensar. En realidad no parece necesario ni tal vez posible.

Pero este potente y transformadora herramienta debe, como se ha hecho con todos los demás avances tecnológicos y científicos, someterse a leyes y procedimientos. De forma especial, en lo que atañe a su relación con la gestión pública y la política, así como su impacto sobre el sistema democrático, ya que el auge de la desinformación, los bulos y la manipulación sobre elecciones y sus resultados han sido ya realidades constatadas.

Insistimos: el primer riesgo de la IA para la democracia es no regularla y dejar que siga en manos de una oligarquía tecnológica que dicta sus propias leyes mirando solo su beneficio privado para lo cual está rompiendo la regla básica de la democracia entendida como un sistema de deliberación libre e informada. A corto plazo, es el mayor riesgo de esta IA sin regular sobre la democracia: convertir la conversación en una sucesión de insultos lanzados desde campanas de eco que refuerzan un "nosotros" contra "ellos" y transformar la información en una sucesión rápida de escándalos, bulos y exageraciones, ambas cosas, con capacidad demostrada para arrastrar a los medios tradicionales de comunicación e intoxicar el debate político y parlamentario, lo que acaba convirtiendo a la democracia en una pista de circo y a los ciudadanos en simples espectadores que aplauden o pitan las distintas actuaciones.

La IA representa también otro riesgo para la democracia si sus profundas y veloces transformaciones sobre la economía, el mercado laboral y la sociedad en general se hacen de manera descontrolada, con el resultado de incrementar la desigualdad social y el número de personas excluidas con sentimiento de haber sido abandonadas por el sistema político. Más allá de la brecha digital, se pueden crear/incrementar otras brechas sociales de manera descontrolada, que acaben socavando la confianza de los ciudadanos en la democracia.

Pero, como estamos insistiendo, la IA también puede (y debe) ser ese pulgar inteligente que nos ayuda, igualmente, en fortalecer la democracia en todos los aspectos esenciales: mejora del proceso deliberativo y de participación ciudadana; gestión más eficiente de los recursos y elaboración de políticas más informadas, basadas en datos. A título de ejemplo:

✓ Mejorar el proceso deliberativo facilitando la participación ciudadana en las consultas abiertas sobre propuestas legislativas. La IA mejora las consultas a gran escala, el debate, incluso la votación, efectuando un resumen con las conclusiones.

✓ Permite adoptar decisiones políticas mejor informadas, basadas en el análisis de datos, experiencias similares e implicaciones de lo acordado.

✓ Fortalece los procesos de transparencia y dación de cuentas, incluyendo el análisis de la eficiencia de las políticas adoptadas.

✓ Automatiza los procesos administrativos repetitivos y reglados, ofreciendo una respuesta rápida a los interesados. Esto incluye mejorar el proceso legislativo mediante la revisión de las leyes ya existentes.

✓ Detecta y corrige la desinformación.

✓ Analiza el estado de ánimo y de que se habla en las redes sociales, pudiendo detectar nuevas tendencias en la opinión pública.

✓ Optimiza las campañas electorales facilitando el perfilado y el micromarketing, también en los electores.

✓ Ofrece soluciones innovadoras e informadas frente a problemas nuevos o nuevas formas de abordar los viejos.

✓ Ayuda en la gestión de crisis y emergencias.

✓ Puede ser un freno a la demagogia en la medida en que analiza, de forma instantánea, cualquier nueva propuesta que se presente desde el ámbito político.

Se trata, pues, de una herramienta tremendamente útil, también, para agilizar y mejorar el proceso democrático. Para ello, debemos no resignarnos ante los riesgos sino regularlos y, sobre todo, no aceptar que la IA sea solo una cuestión privada con la que ganar dinero a costa de poner en riesgo nuestros derechos humanos.

Sanar nuestra democracia enferma y convertir a la Inteligencia Artificial en un pulgar inteligente, una ayuda que nos haga crecer como especie, son objetivos posibles y a nuestro alcance. Desde la razón, como criterio hegemónico en la toma de decisiones colectivas, sobre las pulsiones emocionales, por muy fuertes que sean hoy.

Dice el personaje de la serie Star Trek, el vulcaniano sr. Spock, que "las ilógicas y estúpidas emociones de los humanos son una irritación constante". No todas, y no siempre. Pero ante los desafíos actuales a que estamos sometidos como especie, debemos responder potenciando la empatía, la tolerancia, la ciencia y la democracia. Todo aquello que se identifica con la razón, tan humana como las emociones, pero más útil en estos momentos en que el cambio climático y la IA, son nuevos y potentes riesgos para la especie como tal.

EL TRUMP QUE TODOS LLEVAMOS DENTRO

Artículo publicado en Cinco Días,
el 24 de febrero de 2025

Todos llevamos un populista "a lo trump" en nuestras entrañas. Y eso es lo que les hace tan peligrosos porque sin seguidores, el mal no podría propagarse. El populismo trumpista representa esa cara B de los humanos donde se deposita la sinrazón y donde las emociones negativas (miedo, envidia, odio, amenaza…) toman el control de nuestras acciones como ha ocurrido tantas veces a lo largo de una historia que se entiende mejor como esa lucha permanente entre razón y pasiones que Platón sintetizó en la alegoría del carro alado.

Pero el populismo trumpista también tiene su lógica que debemos entender como la antítesis de lo representado durante décadas por el pensamiento neoliberal hegemónico en occidente y reforzado desde la caída del comunismo. De hecho, Trump rompe con el paradigma iniciado con la revolución de Thachter y Reagan, que tanto contagió a la socialdemocracia y es lo contrario al liberalismo de un Hayeck. Por eso a cierta derecha política le resulta tan difícil adoptar una posición ante este personajeególatra, pero no ignorante: sabe muy bien lo que quiere, aunque pensemos que repite todo aquello que ya ha fracasado en los últimos siglos de la historia humana. El trumpismo es un regreso, pero al fracaso.

Las mejores décadas de la humanidad se han producido bajo el paradigma de que las relaciones humanas son de suma positiva (todos ganan) si se fundamentan en la cooperación. Por eso, el establecer un orden mundial basado en reglas pactadas, con instituciones encargadas de hacerlas cumplir. A pesar de un funcionamiento claramente mejorable, eso ha definido la realidad mundial desde el fin de la Segunda Guerra Mundial. El trumpismo, por el contrario, parte de la convicción de que las relaciones son de suma cero (uno gana, lo que otro pierde) por lo que solo la confrontación es admisible bajo la amenaza de la fuerza. Donde había hegemonía ideológica, se impone el dominio de la fuerza.

Multilateralismo y liberalización de los intercambios internacionales plasman las bondades del principio, todos ganan (aunque no todos lo mismo). Solo esto explica, por ejemplo, que se aceptara a China en la OMC a pesar de no cumplir, claramente, el principio de ser una economía de mercado, aunque confiando en que llegaría a serlo por la fuerza de los hechos. Relaciones bilaterales, ausencia de normas (arbitrariedad que refuerza la posición dominante) y recurso a sanciones en forma de aranceles o controles al comercio y a las inversiones exteriores es lo coherente con una suma cero donde solo la fuerza es útil porque se busca imponer, aplastar al otro, para ganar a su costa.

Globalización y dilución del papel de los Estados nacionales es coherente con el modelo de cooperación, mientras que la nación como baluarte y el estado como instrumento necesario para canalizar el uso de las amenazas responde al populismo trumpista. En pocos sitios se ve mejor la contraposición de ambos modelos que, en la Unión Europea, a pique de constatar su irrelevancia en el nuevo escenario y dividida entre aquellos que pedimos como respuesta, más Europa y los trumpistas europeos, en alza, que critican a la UE y exigen más nación, aunque con ello nos dividamos y debilitemos, haciendo el juego a los adversarios externos de Europa.

Es paradójico pero los llamados "patriotas" europeos, están defendiendo, de hecho, los intereses de Putin y de Trump que buscan debilitar a Europa para sacarla del mapa internacional.

El populismo trumpista es, también, la antítesis en valores del neoliberalismo y la socialdemocracia. Mientras estos defienden al individuo como fundamento esencial de las libertades y los derechos iguales para todos, detrás de Trump y sus acólitos europeos hay un pensamiento iliberal, neoreaccionario, que antepone sobre el individuo la primacía de la comunidad, del grupo homogéneo, sus valores e instituciones tradicionales en lo que uno de sus teóricos ha llamado la "Ilustración Oscura" por ser la antítesis de valores como los derechos humanos o la democracia liberal. La nación, la raza y la religión configuran esta amalgama de relatos identitarios excluyentes, que tienen un denominador común: oponerse a la primacía de la razón y de la libertad individual, menospreciadas bajo el calificativo de "woke" y amplificados gracias al control de potentes herramientas mediáticas, como las redes sociales, y al uso desvergonzado del bulo y de la mentira. El ataque a la democracia europea lanzado por el Vicepresidente Vance en su reciente discurso en Munich, sitúa el trumpismo en su dimensión ideológica anti-liberal pareciendo, también en eso, una marioneta de Putin. En USA empieza a definirse lo que está haciendo Trump como de una "dictadura plebiscitaria".

El negacionismo frente a evidencias científicas como el cambio climático o, en su momento, las vacunas frente al COVID (Trump recomendó inyecciones de desinfectante), refuerzan su asalto a la razón, siempre defendiendo por detrás intereses materiales de grandes corporaciones, difundiendo miedo y desconfianza entre la población "ante lo nuevo" y haciendo atractiva la nostalgia reaccionaria. Y la pieza fuerte del trumpismo: reforzar el control sobre la sociedad que ya ejercen los dueños de las grandes tecnológicas, evitando cualquier tipo de norma o control público por parte de una democracia que regula la seguridad en los coches, la edad para comprar alcohol o la información nutricional de los alimentos, pero se quiere no lo haga con la herramienta más beneficiosa o peligrosa desarrollada por los humanos: la inteligencia artificial, para que solo sea gobernada por el principio de maximizar beneficios privados y/o acrecentar la vigilancia del Estado sobre los individuos.

Trump no es un elefante en cacharrería. Sirve a un plan: construir una "edad oscura" basada en el rechazo a la razón y en la manipulación de las peores pasiones de los humanos, en los intereses de los más poderosos y en el poder arbitrario del fuerte frente a normas pactadas e instituciones independientes de control. Lo que se cuestiona es la misma democracia. Y frente a ello, nuestras prioridades partidistas deben resituarse.